손금이 운명이다

손금이 운명이다

초판 1쇄 2022년 05월 19일

지은이 심보리 | **펴낸이** 송영화 | **펴낸곳** 굿웰스북스 | **총괄** 임종익

등록 제 2020-000123호 | **주소** 서울시 마포구 양화로 133 서교타워 711호

전화 02) 322-7803 | **팩스** 02) 6007-1845 | **이메일** gwbooks@hanmail.net

© 심보리, 굿웰스북스 2022, *Printed in Korea*.

ISBN 979-11-92259-16-1 03180 | **값 15,000원**

돈 · 사람 · 성공이 따르는 손 안의 빛나는 비밀

손금이 운명이다

심보리 지음

DESTINY

굿웰스북스

뇌 과학과 손금의 만남…. 나를 위한 최고의 멘토 손금

여러분은 손금에 대해 어떻게 생각하고 있나요? 저는 손금 공부를 하면서 이렇게 심오하고 깊은 학문을 사람들이 하찮게 생각하고 별것 아닌 것으로 생각하는 현실이 너무 안타까웠습니다. 대부분 사람은 손금 하면 떠오르는 이미지가 옛날 동네 할아버지가 돋보기 들고 봐주는 이미지 또는 믿거나 말거나로 재미로 보는 이미지로 생각을 합니다.

손금 덕분에 제가 뇌 과학 공부를 하면서 알게 된 사실인데요, 손금은 가볍게 볼 학문이 아니며, 손금이 우리 뇌와 밀접한 관계가 있고, 더 나아가 운명까지 개척할 수 있게 도와주는 훌륭한 도구라는 사실입니다. 손금의 놀라운 비밀과 큰 매력이 무엇인지 한번 알아볼까요?

첫째, 손금은 4,000년이나 되는 깊은 역사를 가진 학문입니다. 성경책인 구약성서 욥기 부분에서도 손금에 관한 내용이 나오며, 고대 그리스 철학자 아리스토텔레스나 수학자로 유명한 피타고라스도 손금을 연구하며 발전시켰다고 합니다. 오래된 역사를 가진 손금이 지금까지 남아 있는 것을 보면 분명 깊은 역사적 가치와 필요가 있어서 남아 있는 것입니다. 우주의 원리 중 필요 없는 것이면 이미 소멸하였을 테니까요. 만약 손금이 재미로 보고 미신이었다면 지금까지 오래된 역사를 가진 채 과연 남아 있었을까요?

둘째, 손금을 잘 활용하면 사람과의 관계를 맺을 때 많은 도움을 받을 수 있습니다. 상대방의 손만 보고도 그들의 성격과 특징, 성품을 알 수 있어 상대방과의 소통 효과와 상대를 이해하는 데 많은 도움을 받을 수 있습니다.

손금을 배우기 전 "쟤는 왜 저래?"가 손금을 배운 후 "너는 이런 성격이라 이렇구나…."라고 상대에 대한 이해도가 넓어집니다. 그뿐만 아니라 영업을 하시는 분이나 고객, 친구, 배우자, 가족에 대한 이해로 그들과 관계를 훨씬 돈독하게 만들어주는 역할을 해줍니다.

셋째, 수상학을 통해 나의 몸 상태를 알 수 있습니다. 손금의 폭넓은 의미가 수상학인데요. 손가락과 손의 모양, 색상, 손짓을 보면 현재 내 마음 상태가 어떤 상태인지 몸의 상태가 어떤지 미리 알 수 있습니다. 요즘은 건강 검진이 잘 발달하여서 검진을 통해 미리 몸의 병을 알 수 있는데요, 미리 병을 발견하는 것도 중요하지만 병을 미리 예방하는 게 더 중요하다고 봅니다. 손금은 병이 생기기 전 미리 조짐을 알려줍니다. 그 조짐을 읽고 스스로 음식, 행동, 마음가짐을 바꾼다면 큰 병으로 고생하는 상황을 미리 막을 수가 있습니다.

넷째, 손금을 통해 내 마음과 감정 상태를 알 수 있습니다. 우리는 속마음은 타고 들어가는데 아닌 척 씩씩한 척 살다가 결국 마음의 병, 더 나아가 몸에도 병을 얻는 경우가 많습니다.
내 마음과 감정이 힘들고 아프면 손금에서도 신호를 보냅니다. 이 신호를 잘 파악해서 처세와 마음을 잘 다스린다면 마음 병에 골이 깊어지는 상황도 예방할 수 있습니다.

다섯째, 손금은 나 자신을 제대로 알게 해주는 가치 있는 학문입니다. 요즘 현대인들은 나 자신이 누구인지, 왜 사는지, 지구별에 왜 태어났는지 나 자신을 잃고 되는대로 바쁘게 사는 사람들이 많습니다. 손금을 공부하면 나에 대해 잘 알 수 있으며 동시에 철학 공부, 인생 공부, 마음공부가 되어 스스로가 행복해지는 학문입니다.

제가 쓴 책을 통해 여러분들도 손금으로 명을 알고 뇌 과학과 뇌 활용법을 알아 운을 잘 개척하여 삶을 윤택하게 누리며 살았으면 합니다. 그리고 여러분 각자 운명에 끌려다니는 사람이 아니라 인생의 주인공으로 운명을 잘 활용하여 거듭나고 성장하는 삶을 살았으면 하는 바람으로 글을 썼습니다.

제 책과 인연 되어주심에 다시 한번 감사드립니다. 여러분을 위한 최고의 멘토인 손금을 잘 활용하여, 인생 살며 힘든 일을 대할 때 해결할 수 있는 지혜와 처세를 키우시고, 기쁜 일은 더욱더 기쁨을 키우시며 지구별에서 잘 놀다가 가시는 인생을 꾸려나가시길 기도드립니다.

누구나 쉽게 보는 핵심 손금 5단계

– 손금을 볼 때는 항상 혈색, 표피, 탄력, 언덕, 균형, 조화를 함께 본다.

– 처음 손을 보면 손의 모양과 손가락 모양을 전체적으로 본다.

– 손금을 보다 보면 손의 모양과 손가락의 모양이 섞여 있는 손들이 많다. 이럴 때에는 섞인 성향을 같이 읽어준다.

1단계 : (책 052쪽 참고)

발산형 양의 기운(+)을 가진 손에는 양의 기운을 가진 모양이 좋고, 수렴형 음의 기운(–)을 가진 손에는 음의 기운의 모양이 있으면 무방하다. 예를 들면, 손금에 잔선이 많으면 안좋다고 알고 있는데, 손모양이 원추형이라면 수렴형 손에 잔선도 수렴형이니 잔선이 많아도 어느 정도 괜찮다고 해석하는 것이다.

형태	특징
방형(실무형)	손전체가 두툼하고 네모진 모양이다. 발산형의 에너지가 가득하다. 단, 남자들은 운명선이 필히 중요하다. 만약 운명선이 약하면 겉은 강해 보여도 내면이 약하고 인복이 약하다. 손바닥 소지 아래 측면이 진분수형이면 기다리고 느긋한 성격인데, 가분수형이면 다혈질에 조급하다.
노동형(원시형)	수형이 짧고, 두껍고, 건조하고, 단단하다. 복잡하고 머리쓰는 일을 싫어한다. 발산형의 수형이다. 힘이 응축되어 있다. 뼈가 단단하다. 머리보다 힘을 쓰는 직업이나 땅과 인연이 있거나 몸을 움직이는 직업과 어울린다.
주걱형(활동가형)	손가락이 길고 끝이 굵은 형태의 손이다. 수렴+발산형의 수형이다. 원칙을 지키려는 성향이 강하다. 매너, 솔선수범, 신념, 비판적. 키와 외모가 훤칠하다. 부드러운 카리스마가 있다. 손금이 좋지 못한 경우 타인의 충고와 조언을 듣지 않는 경우가 있다.
철학형(사색형)	손의 모양은 뼈가 튀어나온듯한 모양이고 손가락도 마디에 뼈가 튀어나온 모양이다. 논리적, 분석적이다. 수렴형에 속한다. 손등에 핏줄이 보이기도 한다. 리더보다는 뒤에서 사색, 연구하는 것을 더 좋아한다.
첨두형(공상형)	끼가 있다. 몸매, 미모가 뛰어나다. 격이 높은 도화살에 속한다. 발산형에 속한다. 도도하고 고고하다. 매력발산. 손가락이 소지가 제일 뒤로가고 순서대로 넘어간다. 손톱이 앞으로 보인다. 연예, 문화, 방송, 중개 알선등의 직업에 어울린다.
원추형(예술형)	여성들에게 거의 많다. 수렴형이다. 체형은 키가 크지 않다. 손끝이 고깔형 비슷하다. 작고 귀엽다. 사랑, 관심, 배려 받고 싶어한다. 을의 입장을 가지고 있다. 쉽게 상처받고, 의지하길 좋아한다. ~하기 힘들다고 표현을 잘한다. 공무원, 자격증, 안정적인 직업이 맞다.

표의 첫 열은 "모양"으로 묶여 있음

두께	살집이 얇다	수렴하는 음의 기운이다.
	살집이 두텁다	발산하는 양의 기운이다.
길이	손가락이 길다	수렴하는 음의 기운이다.
	손가락이 짧다	발산하는 양의 기운이다.
주름	잔주름이 많다	수렴하는 음의 기운이다.
	잔주름이 없다	발산하는 양의 기운이다.
손금 깊이	흐리다	수렴하는 음의 기운이다.
	진하다	발산하는 양의 기운이다.
엄지 굵기	약한 엄지	수렴하는 음의 기운이다.
	굵은 엄지	발산하는 양의 기운이다.
손톱 굵기	얇은 손톱	수렴하는 음의 기운이다.
	굵은 손톱	발산하는 양의 기운이다.
손톱 모양	긴 손톱	남자 : 게으르다. / 여자 : 뽐내기 좋아한다. 여자는 손톱이 짧은 것보다 살짝 긴 형이 좋다.
	짧은 손톱	모험심이 적고 소심하다. 밀고 나가는 힘이 약하다.
	손톱 희미한 검은줄	몸안에 독소가 쌓인 상황이다. 스트레스 독소, 음식 독소, 흡연으로 인한 독소이다.
	손톱 주변이 지저분	생각과 마음이 정리정돈이 안 된 상황이다.
	색상	연한 핑크빛이 좋다. 손톱은 모세혈관과 관련된 곳이므로 혈액순환과 영양상태와 연관이 크다.

손의 특징	수렴형의 특징 (음의 기운)	음기가 모여 있는 상황이다. 내향적이다. 걱정이 많고 쓸데없는 생각과 고민이 많다. 혈액순환이 잘 안 되어 손발끝이 차다. 이끌어주는대로 따라가는 을의 입장이다. 신경이 예민하여 신경성 위장장애, 소화불량, 두통, 비위가 약하다.
	발산형의 특징 (양의 기운)	양기가 모여 있는 상황이다. 외향적이다. 밝다. 세상에 두각을 나타내는 일이나 직위를 가지고 있는 사람들이 많다. 남밑에서 일하기 힘들어한다. 갑이 되려는 성향이 강하다. 욱하는 성질이 있어 혈압, 당뇨, 암 등 성인병에 노출되기 쉽다.

2단계 : 손가락의 모양과 균형이 잘 자리 잡았는지 반드시 확인한다. (책 229쪽 참고)

손금이 그 사람의 운을 나타낸다면 손가락은 운을 거머쥘 수 있느냐를 나타내는 곳이다. 손금이 아무리 좋아도 손가락의 모양이 고르지 않다면 운이 삭감된다. 손가락의 모양이 가지런하고 균형이 있어야 운세도 잘 유지하고 안정적이다. 다섯손가락의 모양이 고르게 잘 뻗었는지, 아니면 손가락이 휘었거나 손가락 모양이 균형있게 생겼는지 확인해서 손금을 풀이할 때 참고해야 한다.

3단계 : 손등을 확인한다. (책 166쪽 참고)

손금은 겉으로 보이는 그 사람의 이미지라고 하면 손등은 보이지 않는 내면과 사람들이 모르는 비밀을 뜻한다. 손등은 사람의 안 보이는 모습이나 내면 그리고 시간의 흐른 뒤를 나타내주는 곳이고, 운을 뒤에서 돕는 곳이다. 손금이 좋더라도 손등이 안좋으면 운이 마이너스이다. 사회적으로 직위가 있는 분들의 손등을 보라. 만약 그들 중 손등이 거칠다면 지금 겉으로는 돈을 많이 벌고 잘나가는 듯해도 시간이 지나면 직위나 명예가 떨어지거나 뒤에서 돈이 나가거나 사람들이 모르는 내면적인 일들이 있으니 주의해야겠다. 손등이 곱고 귀해야 진정 귀격이 오래간다. 여성의 경우 손등을 비중 있게 보니 여성들은 특히 핸드크림 등으로 손관리를 잘하는 것도 운을 상승시키는 방법이다.

4단계 : 손바닥의 구(언덕)의 높이를 확인한다. (책 057쪽 참고)

손의 모양에 따라 언덕을 보는 기준이 다르다. 10을 기준으로 보면 방형은 10이다. 즉 방형은 무조건 언덕이 좋아야 하고 손금 볼 때도 100% 언덕의 영향을 받는다. 원추형은 8정도로 언덕의 비중이 8 정도 비율로 본다. 원시형은 7 정도이고, 주걱형은 5 정도이다. 첨두형은 3 정도이고 철학형의 경우 언덕(구)가 잘 발달되었다면 매우 길상이지만 철학형들은 손금을 볼 때 언덕(구)발달이 없어도 무관하다.

언덕(구)	의미	특징
금성구	물리적,생명선,엄지에게 힘을 주는 곳	밀어붙이는 힘, 활력, 수성구를 돕는 후방 부대
월구	정신, 재주를 나타내는 곳	뇌와 연관, 순발력, 상상력, 월구가 약해지면 질병에 대한 면역력도 약해진다.
제1화성구	인생의 고난	좌절, 이혼, 실패, 부도 여기에 선이 생기면 애정, 건강, 금전 조심
제2화성구	인생의 고난	갈팡질팡하게 방황하게 만드는 곳. 이곳에 선이 생기면 답답한 상황이다.
목성구	의지, 분발, 욕심, 희망, 마무리	사업, 성취운, 긍정적, 진취적, 최종 결론이 있다. 목성구가 지저분하면 끝마무리에 문제 생길 수 있다.
토성구	나자신	너무 높으면 거만, 너무 낮으면 자신의 위상이 낮아질 수 있다.
태양구	출세, 직위, 인기, 부	부와 명예를 담당한다. 만약 주변 언덕이 도와주지 못하면 오히려 허세, 허상으로 된다.
수성구	기회, 인연의 시작	좋은 기회를 잡을 확률이 높다. 수성구가 높으면 시작이 좋다.
화성평원	오목한 저수지 같은 곳	평평하거나 솟아오르면 그만큼 운에 힘든 영향을 준다. 살짝 들어간 모양이 이상적이다.

5단계 : 손금을 확인한다. (책 061쪽 참고)

손금(주선)	의미
생명선	건강, 성취감, 마무리, 손금의 감초역할 하는 곳이다. 선의 모양은 금성구를 휘감는 모양이 최상이다. 끊긴 곳이 없고 희미해지거나 모양이 찌그러진 곳이 없는지 잘 관찰해야 한다.
두뇌선	생각, 판단, 건강, 사업 부도시 두뇌선의 이상이 생긴다. 생명선과 너무 길게 붙었다 떨어지면 그만큼 우유부단하다. 두뇌선이 약지의 반쯤 오는 선이 적당하다. 너무 길면 살면서 운을 놓치는 경우가 많다. 두뇌선과 감정선의 사이는 약 1cm안으로 떨어지는게 이상적이다. 너무 붙으면 세상 보는 시야가 좁다.
감정선	마음의 상황, 기분, 감정을 나타낸다. 감정선이 두뇌선을 만나는 모습이면 마음이 많이 힘든 상황을 뜻한다. 감정선의 모양은 살짝 상향하는 모습이 이상적이다. 감정선의 가닥수에 따라 마음의 상황도 그만큼 혼란하다.
운명선	책임감, 일복을 뜻한다. 운명선이 감정선 위에만 나오는 사람이 있는데, 일을 시작하면 마무리를 잘하는 사람으로 해석하면 된다. 운명선이 손목 가까이 시작되면 어릴 때 고생수가 있을 수 있다. 운명선이 끊어진 사람은 귀가 얇으니 묵묵히 하나를 파고드는 게 좋다.
태양선	출세와 명성, 인기와 직위를 나타낸다. 태양선은 감정선 위에 살짝 적당하게 나온 선이 좋다. 태양선이 감정선을 지나 아래로 향해 너무 길면 햇살이 너무 강해지는 격이니 고생이 많고 인생이 힘들다. 태양선을 볼 때 운명선은 짝꿍이다. 운명선이 약하면 자질은 뛰어난데 노력이 부족한 사람이다.
재물선	기회선이다. 돈을 벌기위한 능력 발휘를 잡을 수 있는 기회를 나타낸다. 재운선을 볼 때 끌고 내려가는 선이 있거나 대각선으로 치는 비애선이 있으면 운이 삭감된다.
결혼선	남자의 경우 사업의 운을 볼 때 중요하다. 직위나 입장 돈 버는 수단을 볼 때 참고한다. 쌍둥이 결혼선은 초혼이 다소 불안하다. 좋은 배우자를 만나도 백년해로가 쉽지 않다. 긴결혼선은 결혼에 대한 생각이 너무 길다보니 결혼이 늦다. 결혼선이 처지면 결혼운이 불리하다. 하지만 감정선이 상향하면 이해하며 살 수 있다.
희망선	의욕과 불타는 열의를 나타낸다. 역경과 의지, 일의 결과와 마무리를 해석할 때 참고해서 쓴다. 희망선을 볼때는 항상 태양선과 운명선 생명선을 같이 보고 이 선들이 힘이 있다면 말 그대로 희망선의 역할을 톡톡히 한다.

손금(가지선)	의미
금성대	성공구 부위에 나오는 가로로 나오는 선. 다중금성대는 조급증, 걱정, 생각이 많다. 고뇌, 답답. 일획 금성대는 도리를 나타낸다.
여행선	생명선에서 월구로 나오는 선으로 월구의 윗부분은 긍정, 아랫부분으로 가는 선은 절망, 부정적이다. 여행선 단독으로 보면 운세와 기세확장이다.
영향선(부생명선)	호위무사이다. 내 건강과 운세를 지켜준다. 기적과 조상의 음덕이 숨어 있는 선이다. 영향선이 생명선과 닿으면 오히려 책임이 많은 인생이다.
귀인선	태양선의 지선이다. 제2화성구로 가는 선이다. 심리적 압박, 답답, 조급하다. 수렴하는 손에 잘나타난다. 귀인선이 길게 나왔을 때 운명선을 같이 본다. 만약 성공구 부분을 두선이 가두는 형식이 되면 오히려 답답함이 가중된다.
호색선	엄지 가까이 나 있는 선으로 무엇인가 집중하게 도와주는 선이다.
인복선	생명선 가까이 나 있는 선으로 이 선이 있으면 오히려 단호함. 결단력을 돕는다.
건강선	대각선으로 생명선을 향해 사선으로 가는 선을 말하는데 건강, 재물, 애정 이상, 근심이 많을수록 나오는 선이다. 생명선을 닿지 않고 수직인 건강선은 오히려 장수에 도움된다.
방종선	월구에서 생명선 방향으로 나온 선으로 만약 발산형의 손에 이 선이 보이면 오히려 위험하다. 수렴형의 손에서는 신경이 예민하다 보니 나올수 있다. 하지만 선이 너무 진하게 나올때는 스트레스를 많이 받은 상태이고 건강의 문제가 생긴다.
자비감정선	성공구 부위에 가로로 나온선으로 이 선이 보이면 많은 사람들에게 자비를 베푼다는 마음으로 베풀며 사는게 인생이 편하다.
심적방황선	수성구 부분에서 시작한 가로로 난 선이다. 심적방황선이 생기는 이유는 따지기 좋아하고 납득이 가야 직성이 풀리고 자신의 원칙과 소신이 옳다고 믿는 굳은 마음에서 생긴다. 성공구의 선들을 방해하는 선인만큼 마음씀씀이를 바꿔야겠다.
비애선	사선으로 나온선으로 태양선, 재운선등 좋은 선들을 사선으로 자르는 선을 말한다. 비애선이 짙으면 선이 가지고 있는 운이 삭감하고 약해지고 힘을 제대로 쓰지 못한다.

목 차

1장

- -

왜 이렇게 운이 잘 풀리지 않을까?

- -

2장

- -

손금이 운명이다

- -

3장

- -

돈, 사람, 성공이 따르는 사람들의 7가지 손금의 비밀

4장

손금의 지혜와 뇌의 비밀로 당신의 운명을 개척하라

왜 이렇게
운이

잘 풀리지 않을까?
- - - - - - - - - - - - - - - - - - -

내 팔자는 왜
이 모양이야?

흔히들 TV 속 드라마나 주위에 힘든 사람들을 보면 "아이고 내 팔자야! 전생에 나라를 팔아먹었나. 내 팔자는 왜 이 모양이야?" 하고 팔자 타령하는 사람을 심심치 않게 본다.

사람들이 말하는 팔자라는 말은 도대체 어디에서 왔을까? 팔자라고 해서 숫자 8을 생각하는 사람들도 있지만, 팔자란 당신이 태어난 날짜와 시간을 육십갑자를 보고 뽑은 여덟 개의 글자를 말한다. 한 개의 기둥에 2개씩 천간 지지를 년, 월, 일, 시 네 개의 기둥으로 만들면 8개의 글자가 나오는 데 이를 팔자라 한다.

육십갑자란 천간 10개와 지지 12개를 순서대로 조합하여 만든 간지 60 개를 말한다. 우리가 61세 생일을 환갑 또는 회갑이라 하는데 60년 만에 같은 글자가 다시 돌아왔다는 뜻이 있다. 사람들이 팔자 타령하는 것을 보면 은연중 사주팔자를 무시할 수는 없는 듯하다.

사람들은 살면서 나 자신의 미래에 대해 궁금해하고 인생을 좀 더 행복하게 살고 싶어하는 욕구는 누구나 다 있을 것이다. 그래서 발전한 학문이 명학, 상학, 점학, 풍수로 나눌 수 있다. 명학은 사주팔자를 기초로 사주 명리학, 기문 둔갑, 자미두수 등이 있고 상학으로 우리가 알고 있는 관상학, 수상학(손금) 등이 있으며 점학으로는 주역점, 육효, 육임, 타로가 있고 풍수학으로는 우리가 사는 집터 위치 방향 등을 고려하고 요즘 유행하는 실내 장식 풍수 등이 있다.

나는 20대 중반에 기문 둔갑을 시작으로 사주 명리학, 자미두수를 공부하면서 명학을 배웠다. 사주를 공부하면서 나에 대해 현재 상황을 이해하고 보다 현명한 선택을 해서 더 나아지는 삶을 사는 데 많은 도움을 받은 건 사실이지만, 결혼 후 독학으로 공부하는 데도 한계가 있었고 과연 같은 연월일시에 태어난 사람들이 지구상에 많을 텐데 나라도 다르고 환경도 다르고 부모도 다른데 같은 사주를 가진 사람들의 운 풀이를 어떻게 해야 할까? 그리고 다들 같은 운명으로 사는 걸까? 늘 의문이었다.

『이영돈 PD의 운명, 논리로 풀다』에서 같은 사주팔자를 타고난 세 명의 사례가 나온다.

A 씨는 일용직 노동자, 노점 과일 상을 전전하며 애를 썼지만 결국 아내는 가난을 견디지 못해 떠나고 아이는 기관에 맡긴 채 서울역에서 노숙하는 노숙자 신세가 되었다. B 씨는 직장을 옮겨 다니다 일용직 용접 일을 하고 있는데 먹고 살기 어려워 아내와도 헤어진 상태라고 한다. 여기까지는 A 씨와 재운과 부인에 대한 것은 비슷해 보였지만 B 씨는 독거 노인을 돌보거나 동네 순찰을 돌며 더 힘든 사람들을 위해 보탬을 주며 산다고 한다. C 씨의 사례도 나오는데 같은 사주팔자인데 완전 다른 삶을 살고 있다. 대학교수로 재직 중이며 스스로 유학 생활까지 했으며 결혼 생활도 만족하고 있다고 한다. 이렇듯 사주팔자로만 한 사람의 팔자를 보기엔 무언가 2% 부족한 느낌이었다.

그럼 사주팔자 말고 뭐가 우리 팔자에 작용하는 걸까? 이는 우리에게 주어진 사주팔자뿐만 아니라 인간의 자유 의지와 살면서 만나는 인연, 풍수라는 영역이 좌우하는 듯싶다.

인간의 자유 의지를 알 수 있는 부분이 바로 상학에 해당하는 관상학 및 손금이다. 인간은 누구나 마음이 있고 늘 생각하면서 살아간다. 현대는 뇌 과학이 발달해서 마음과 생각의 관계가 우리 뇌와 많이 관련이 있다는 연구도 나오고 있다.

인상학을 배우며 세상에 같은 인상은 없으며 생긴 대로 사는 게 아니라 살면서 생긴다는 일명 내가 사주팔자의 주인공으로 살 수 있다는 매력을 알게 되었다. 그리고 우연히 손금에 대해서도 알게 되었다. 얼굴은 요즘 흔한 성형 수술이나 시술로 바뀐 얼굴과 화장술로 다른 이미지로 보여서 관상의 고수가 아닌 이상 분석하기가 애매한 경우가 많다. 하지만 손금은 손금 성형을 받지 않는 한 그대로 순수하게 나타나 있고, 관상학처럼 손금도 내가 어떤 마음가짐과 행동 따라 선이 변하고 찰색이 바뀐다는 손금의 매력에 이끌려 공부하게 된 동기가 되었다. 손금을 공부하기 위해 많이 헤매다 지금의 대선 스승님을 알게 되었다. 대선 스승님 덕분에 헤매던 손금을 정리하게 되었고, 손금에 대해 깊이 배우며 손금의 심오한 이치에 빠지게 되었다. 그리고 뇌 과학을 공부하며 우리 뇌와 가장 밀접한 부분이 손이며 손금과 수형을 통해 나에 대해서 알고 마음과 생각이 모여 손금이 변하고 운명을 변화한다는 것을 더욱더 확신하게 되었다.

손금을 공부하기 전 아이 학교에서 학부모 모임을 통해 알게 된 동네 언니가 있었다. 그 당시 내 인생이 너무 힘들고 지쳤을 때였다. 결혼 생활도 너무 힘들었고 재정적으로도 빚이 있어 더 힘들 때였다. 이 언니도 사는 게 힘들고 나와 처지가 비슷해 우린 만나면 대화의 반 이상이 서로 답답한 이야기와 힘든 얘기로 주를 이루었다. 주거니 받거니 서로 힘든 점에 맞장구쳐주고 이야기하면 나와 이렇게 비슷한 사람도 있고, 세상이 나를 알아주는 것 같아 답답한 마음이 풀리는 듯했다. 그 당시는 몰랐는데 지금 생각해보면 언니를 만나며 많이 했던 말이 있다.

"언니, 내 팔자는 왜 이러냐?"
"보리야! 너만 그러냐? 내 팔자는 더 힘들어."

만약 지나가던 사람들이 우리 대화를 들었다면 누가 팔자타령을 많이 하나 서로 대결한다고 해도 과언이 아니었다.

'잘되면 내 탓 안되면 팔자 탓'이라는 말처럼 나는 힘들 때마다 자연스럽게 팔자 탓을 하면서 내 인생에 대한 절망, 후회, 남 탓을 많이 했다. 여기서 한술 더 떠 '전생에 내가 나라를 팔아먹었나.'라며 알지도 못하는 전생 탓까지 했다.

푸념하는 나 자신을 보며 머리로는 그러지 말아야지 하는데 마음과 행동이 따르질 않았다.

현실의 힘든 점만 눈에 보이니까 자연스레 푸념이 늘고 그 생활을 반복하며 살고 있었다.

하지만 자기계발서를 꾸준히 읽고 손금과 인상학 공부를 계속하다 보니 제일 큰 공부가 바로 나의 무의식을 알고 의식을 성장하며 내 마음가짐과 행동의 중요함이라는 것을 알게 되었다. 내 마음과 생각이 나의 운명을 만드는 데 크게 좌우한다는 사실이다. 현실의 힘든 상황에 사로잡혀 나도 모르게 팔자 타령하며 내뱉은 말이 주문이 되어서 오히려 내 팔자를 더 힘들게 만드는 악순환을 나 스스로 만들고 있었다.

개인 심리학의 아버지라 불리는 알프레드 아들러는 말한다. 인생의 의미는 상황이 결정하는 것이 아니라 상황에 이름을 붙이는 내가 결정하는 것이다. 인생을 살다 보면 누구나 인생의 시련은 겪기 마련이다.

"왜 나만 힘든 일이 일어나는 거지? 아이고 내 팔자야!"라고 한탄만 해서는 안 된다. 그렇다고 힘들고 부정적인 상황을 긍정적인 상황으로 억지로 만들라는 이야기는 아니다. 오히려 힘든 상황에 나를 바라보고 이 상황이 나를 성장시키고 기회를 주신 거라고 생각을 다르게 해보자. 힘든 상황에 이제는 우리가 이름을 붙여주자.

"신께서 나에게 숙제를 내주시는 거구나. 이 숙제만 잘 해결되면 신께서 나에게 선물을 주실 것이다."

우리가 사는 인생에서 일어나는 힘든 일에 내 마음 한 번 더 챙기고 다르게 의미를 부여해보자. 그렇게 하루하루 살아간다면 어느 순간 크게 성장한 각자의 모습을 볼 수 있을 것이다. 팔자타령 할 시간에 그동안 본인 처세는 어땠는지 마음이 어땠는지 바라보자.

그리고 내 손금도 함께 바라보자. 손금은 늘 당신에게 이야기해줄 준비가 되어 있다.

왜 이렇게 운이
잘 풀리지 않을까?

살다 보면 내 주변 사람들은 다 잘나가는 것 같고 일도 술술 잘 풀리는데, 나만 인생이 힘들고 안 풀리는 것 같아 답답해한 경험을 누구나 한번쯤은 해봤을 것이다. 요즘은 인스타그램과 같은 소셜 미디어 서비스로 인해 빠른 정보와 다른 사람들의 이야기를 핸드폰만 열면 쉽게 접할 수 있다. 주변 사람들의 상황을 빠르게 알 수 있는 장점이 있어 좋지만, '내 코가 석 자'라고 내가 처한 환경이 힘들고 지칠 때 오히려 소위 잘나가는 친구들이나 사람들의 모습을 보면 상대적으로 나 자신이 위축되고 더 초라해지는 경험을 해봤을 것이다.

나도 내가 힘들었던 시절에 오히려 잘되는 사람들을 부러워하며 "도대체 나는 언제 운이 와서 내 인생이 잘 풀릴까?" 운 타령을 하며 푸념 아닌 푸념한 적도 많았다.

여러분은 운이 무엇이라고 생각하는가?

나는 한때 행운이란 하늘에서 나에게 어느 날 갑자기 주는 깜짝 선물 같은 것 또는 살다가 생각지도 않은 곳에서 뜻밖의 행운을 얻는 것들, 살다가 갑자기 얻는 게 행운이라고 생각했었다.

그래서 갑자기 오는 행운이 도대체 나에게 언제나 올까 하고 오늘의 운세를 보기도 해보고 나와 맞는 색상의 옷이나 잠자는 방향 등을 바꿔 본 적도 있었다.

예전에 내 아이가 한자 자격 검정 시험 자격증을 취득하기 위해 집에서 한자 공부를 봐준 적이 있었다. 아이와 함께 교재를 보다가 우연히 '행운'에 대한 한문 풀이가 있어서 읽어보게 되었다. 그런데 내가 알고 있는 행운이 아니라 의외의 뜻이 숨어 있어 놀란 적이 있었다.

먼저 운이라는 글자를 살펴보자.

運(돌리다, 운전하다 운) = 冖(덮을 멱) +車(수레 차, 바퀴)+辶(쉬엄쉬엄 갈 착)

'살짝 덮어져 가린 채 수레 차를 움직여 가다'라는 뜻이 내포되어 있다. 운이란 '소리 소문 없이 눈에 안 보이게 움직이며 누구에게나 천천히 온다.'라는 뜻이 있다.

그렇다면 행운의 '행'자에는 어떤 뜻이 들어 있을까?

幸(행복하다, 행운 행) = 어리다 요(夭) +거스를 역(逆)

'어릴 요'는 '죽다'와 연관이 있고 '거스르다'가 합해서 '행복할 행'자가 만들어졌다. 죽을 만큼의 상황에서 이겨내고 그 상황을 거스른다면 행복한 상황이 온다는 뜻이다. 행운을 맞이하려면 현실의 시련과 역경을 그 사람이 어떤 처세와 지혜로 풀어나가고 노력하느냐에 따라 '행운'의 진가가 인생에 발휘된다는 것이다.

사람들은 살면서 만나는 인생의 시련이나 역경에 좌절하고 실망해서 슬럼프에서 빠져나오기를 힘들어한다. 오히려 힘든 상황만 보고 한때 나처럼 팔자 탓 운명 탓만 하며 인생은 역시 힘들다고 결론 지으며 산다. 위기 안에 기회가 찾아온다. 기회가 곧 행운이다.

"난 기회이니까 잘 잡아보세요." 하고 오는 기회란 없다는 것이다. 기회는 소리 소문 없이 나에게 온다. 넋 놓고 살거나 무의미하게 살다 보면 놓치기가 쉽다. 놓치고 나서 아차 하는 순간 이미 기차 떠난 후 손 흔드는 꼴이 되는 것이다. 더 황당한 것은 기회가 온 건지 지나가는지도 모르고 현실에 대해 불평만 하고 사는 사람들도 많다는 것이다.

힘든 상황만 바라보고 운이 안 풀린다고 푸념하는 사람도 있는 반면에, 오히려 착한 마음 때문에 인생을 힘들게 사는 예도 있다. 일명 '정 때문에' 인생이 꼬인 경우이다.

내 고등학교 친구 아버지 이야기다. 그분은 정말 주위에서도 성격 좋고 고등학교 때 친구 집에 놀러 가면 아버지가 너무 자상하시고 이미지가 좋은 분으로 기억한다. 그런데 그분의 흠이라면 정이 너무 많아서 마음이 너무 착하셔서 가족들이 힘들어했다.

마음이 착한데 가족들이 힘들어하는 게 이해가 안 가겠지만 문제는 거절을 잘 못 하는 분이셨다. 아는 지인분들에게 돈을 빌려주고 떼먹힌 경우도 많고 사기를 당하는 경우도 많았다고 한다. 그 당시 그 친구가 큰집에서 작은 집으로 이사를 간 적이 있었는데, 그것도 아버지가 보증을 잘못 서서 그나마 있던 집을 날리고 전셋집으로 이사를 간 것이었다. 그 이후에도 소소하게 사람들에게 사기를 당한 적이 많았다고 한다. 한번 배신을 당할 때마다 후폭풍으로 술을 드시며 속앓이, 마음 앓이 하시며 다시는 안 그런다고 다짐을 굳게 하시다가, 사람을 잘 믿고 또 정 때문에 반복되는 인생을 사시는 분이셨다.

지금은 이 친구가 결혼 후 아버지를 모시며 함께 살고 있는데, 그동안 속상할 때마다 드셨던 술로 인해 몸도 많이 망가지시고, 그동안의 화병이 쌓인 것인지 예전에 사기당했던 분노와 억울함, 자책도 심해지고 밤에 잠까지 잘 못 주무신다고 한다. 오늘도 병원 모시고 갔다 왔는데 드시는 약이 한 보따리라고 했다.

아버지의 착한 마음, 아니 정에 이끌려 반복되는 어리석은 행동에 대한 속상함과 아버지의 건강이 걱정되어 교차하는 그 친구의 마음이 전화기 너머 나에게도 고스란히 느껴졌다.

살다 보면 인간관계 안에서 돈 빌려주고 나중에 사람 잃고 돈 잃는 이중고로 배신 당함에 힘들게 사시는 분들을 많이 본다. 어쩌면 아무리 좋은 운이 들어온다고 해도 이러면 운을 활용할 수가 없다. 이분이 처음 누군가에게 돈을 빌려주고 못 받았을 때 마음 굳게 먹고 그 상황을 피드백 삼아 반복하지 않고 사셨다면 지금처럼 힘들게 인생 낭비하며 사시지는 않았을 것이다. 이 경우 운이 나쁜 게 아니라 내 행동 내 처세가 내 운을 잘 풀리지 않게 만든 사례이다.

또 다른 사례로 내가 아는 분의 친척분 L 씨의 이야기이다.

L 씨는 남편의 집착과 술만 먹으면 돌변하는 주사 때문에 결혼 생활을

매우 힘들게 했던 분이라고 한다. 그래서 내가 아는 분과 L 씨랑 전화 통화를 하면 처음엔 다른 주제로 이야기하다 결국 L 씨의 결혼 생활 불만족에 대한 푸념으로 전화를 끊은 적이 많다고 한다.

"애들 중학생만 되면 결혼 생활 정리할 거야."

그러다 애들이 어느덧 중학생이 되었다.

"내가 경제적으로 독립하려면 지금 배우는 자격증부터 3~4년은 걸리니까 그때는 꼭 결혼 생활 정리해야지. 이렇게는 못 살아!"

그렇게 3~4년 세월이 흘렀다.

"어휴···. 애들이 대학생인데 아직 내 손이 많이 가네···. 애들 졸업만 해봐, 나도 내 인생 살 거야."

세월은 흘러 아이들은 벌써 다 컸고 지금 L씨는 60대가 다 되어간다고 한다. 하지만 지금도 L 씨는 말한다고 한다.

"애들 결혼식만 해봐. 진짜 진짜 이혼하고 말년은 편하게 살 거야!"

이제는 L 씨가 전화 와서 결혼 생활에 대해 푸념을 하면 예전에는 진심 어리게 들어주고 충고해주고 위로해주었지만 몇십 년 넘게 계속 같은 이야기만 반복하니 이제는 L 씨가 이야기하면 양치기 소년이 된 마냥 그냥 겉으로만 듣는 척하고 이야기를 흘려보낸다고 한다.

결국, L씨는 인생의 젊은 날을 결혼 생활에 대한 후회와 한탄으로 보내다 결국 60살의 나이를 맞게 된 것이다. 그리고 그동안 스트레스를 많이 받아서인지 몸은 몸대로 망가져서 벌써 아픈 곳이 한두 군데가 아니라고 한다.

인생을 살다 보면 그놈의 '정 때문에', '마음 약해서' 내 인생 발목 잡힌 경우가 많다. 그리고 이들은 말한다.

"세상에, 나는 왜 이리 운이 풀리지 않는 거야."

한번 지나간 인생은 다시 올 수 없다. 내가 내 인생을 주체적으로 살지 못한다면 얼마나 초라한가…. 그리고 운 역시 이런 사람들은 피해 간다. 운 타령은 그만하자. 운도 자신의 단점을 극복하며 용기 있고 도전하는 자만이 누릴 수 있는 것이다.

"인생이라고 하는 것은 한 권의 책과 같다. 어리석은 사람은 책장을 아무렿게 넘기지만 현명한 사람은 책을 공들여 읽는다. 현명한 사람일수록 그 책을 두 번 읽을 기회가 드물다는 것을 잘 알기 때문이다."

　– 장 파울

03

수학 공식처럼
세상을 보지 마라

막내가 다니는 초등학교에서는 매년 가을마다 아이들의 갈고닦은 실력을 뽐내는 '학산골 예술 축제'를 한다. 지금은 코로나로 인해서 축제를 안 한 지 벌써 3년째 되어 가지만, 예전에 아이들이 강당에서 축제하면 구경하는 학부모들로 꽉 차서 콘서트 같은 분위기였다. 두 반 정도의 아이들이 함께 음악에 맞춰 춤을 출 때 부모들은 하나라도 자기 자식의 영상을 담으려고 사진을 찍는다. 신기한 것은 오십 명이 넘는 아이 중에 유독 내 아이만 눈에 확 들어온다는 것이다. 넓은 무대에 처음부터 끝까지 내 눈엔 내 아이만 보인다.

이런 현상을 심리학 용어로 '칵테일 파티 효과'라고 한다. 자기에게 의미 있는 정보만을 선택적으로 받아들이는 선택적 주의를 말한다. 선택적 주의의 장점도 있지만, 단점은 수많은 정보 중에 나한테 필요한 정보만 선택하게 되니 자칫 치우칠 수가 있다.

뇌 과학에서도 이와 비슷한 현상을 뇌의 '지각'이라고 한다. 지각은 외부 자극에 따라 순수하게 그대로 받아들이는 과정이 아니라 나의 경험과 사람마다 다른 환경에서 자라온 뇌의 구조에 의하여 각각 스스로 창조되는 재구성 과정이라 한다.

'뇌의 지각'과 '칵테일 효과'를 보면 우린 세상에 대해 나의 편협한 생각으로 사는 경우가 많다. 즉 세상은 내가 바라보고 싶은 대로 보고 그 사실이 한 사람의 믿음처럼 산다는 것이다. 내 눈에 안 보이는 현상은 미신이고 나랑 안 맞으면 사이비이고 내 마음에 안 들면 쳐내버리는 배타적인 행동을 낳는다는 게 문제이다.

세상을 바라보는 시각을 나 위주로 보면 너무 좁은 시각이 된다. 내가 하나 줬으니 너도 하나 주고, 1+1=2가 당연한 것으로 믿고 사는 사람들이 많다는 것이다. 하지만 세상은 1+1=2가 아닌 경우가 너무 많다. 예를 들어 물방울과 물방울이 만나면 두 방울이 아니라 하나가 된다. 눈에 보이지는 않지만, 복을 하나 쌓으면 나중에 복이 하나가 아닌 큰 복으로 나에게 돌아오는 원리도 마찬가지이다. 고정된 시야가 아닌 시각을 다양하게 가지고 산다면 내 운이 열릴 가능성이 커진다.

오래전 KBS1의 〈우리 눈이 볼 수 없는 세계〉에 대한 방송을 한 적이 있다. 인간의 눈의 한계로 인식하지 못하는 자연현상을 초고속 카메라와 적외선–자외선 카메라 등의 최첨단 장비를 이용해 사진을 찍어 보내준 방송이다. 우리 눈에는 평상시 번개는 하늘에서 내려오는 줄 알았는데 오히려 번개가 땅에서 하늘로 올라가는 놀라운 모습이 포착되었다. 눈에 보이는 게 다가 아니라는 것을 보여준 예다.

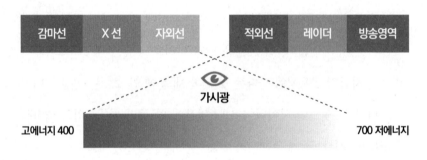

[우리 눈은 고작 가시광선만 볼 수 있다]

EBS1의 〈세계의 눈〉에서는 더 놀라운 이야기가 나온다. 우리 주변에 있는 공기 중에 몇억 광년 떨어진 외계 행성에서 온 입자들이 지구의 공기 중에 떠다니면서 나도 모르게 우리 코를 통해 우리 몸에 들어온다고 한다. 이를 우주 먼지라고 하는데 우주 먼지에 사파이어 입자, 루비 입자, 다이아몬드 입자가 있다. 내 눈에 보이지 않지만 내 주변에 보석 입자들이 둥둥 떠다니고 있다는 것이다. 우주 먼지를 통해 우주 탄생을 연구하는 데 활용한다고 하니 놀랍지 않은가?

몇 년 전 고용 노동부에서 실시하는 취업 성공 패키지를 통해 제과 제빵을 배운 적이 있었다.

빵을 좋아하는데 빵에 첨가물과 설탕이 많이 들어가 내가 만든 건강빵으로 먹으면 좋겠다는 생각과 자격증을 따서 일도 해보고 싶어서 배우기 시작했다. 배우면서 동기분들의 손금이 궁금해 손금을 무료로 봐준다고 했더니 사람들이 너나 할 것 없이 봐달라고 하였다.

내가 있는 팀에서 평상시 새침데기 같은 이미지에 깐깐하며 곧이곧대로 하는 성격을 가진 J 씨가 있었다. 빵을 만들 때 보통 서너 명씩 팀을 이루어 만든다. 이때 가루 넣고 설탕 넣고 하는 순서가 있는데 팀끼리 같이 하다 보면 각자 맡은 용량 잰 것을 섞을 때 순서가 바뀌어서 넣는 경우가 간혹 있다. 그러면 순서가 바뀌어서 넣었다고 뭐라고 하시고 간혹 토핑용으로 쓰는 초콜릿 같은 경우 팀원들은 조금 더 넣자고 하면 안 된다며 전자저울에 잴 때 1g도 차이 안 나게 정량을 꼭 지키시는 분이었다.

그분의 손금이 정말 궁금했는데 의외로 그분이 나한테 와서 본인도 봐달라고 하는 거였다. 곧이곧대로 하며 융통성 없고 까다로운 그분이 봐달라고 하니 의외였다. 그분이 하는 말이 직장을 벌써 세 번이나 이직했는데 사람 복이 없는지 가는 곳마다 왕따 아닌 왕따를 당해 힘들고 주변 사람들이 본인을 이해 안 해줘서 너무 속상하다고 했다. 그리고 가는 회사마다 업무량도 많아 지쳐서 힘들다고 했다. 인복이 없어서 그런지 본인은 왜 만나는 사람들 때문에 스트레스를 받고 인간관계도 지쳐서 회사 다니기도 싫고 본인은 회사 운도 지지리 없다며 불평을 하셨다. 그래서 이번에 회사 그만두고 제과 제빵이나 배워서 카페나 차리고 싶다고 하는데 잘될지 너무 걱정된다며 어떤가 봐달라고 하는 거였다.

그분 손을 보았더니, 감정선 위에 있는 성공구 부분에 길게 감정선 같은 선이 옆으로 한두 개가 더 보였다. 그 당시 내가 손금 공부한 지 얼마 안 되었고 손금보는 실력이 부족해서 그 선의 의미는 전혀 몰랐고 '감정선 일부인가'라고만 생각했다. 그분의 융통성 없고 깐깐한 성격이 어디서 나오는지 손금에선 도무지 찾질 못했었다. 그래서 자미두수랑 같이 풀어본 것과 손금을 풀어본 것 중 눈에 보이는 것만 같이 풀이 해주었다. 손이 두툼한데 손금의 생명선 끝이 흐릿하고 감정선이 살짝 손바닥 아래 방향으로 처졌으며 아래 비애 선도 보였고 운명선도 올라가다 흐지부지해진 게 보였다.

"직업 전변이 당연히 있고, 일하시는 데 완벽하게 하려는 마음은 있는데 마무리가 잘 안 돼서 본인이 본인 속을 긁는 스타일이네요. 그리고 마음 상태가 현재 너무 부정적이고 매사 상황을 안 좋게 보는데 마음 관리도 필요하네요. 지금 시기가 카페 차리는 사업보다 힘들겠지만, 직장생활을 조금 더 하는 게 좋겠네요. 그리고 아직 제가 손금 공부 중이니 참고만 하세요."

말하니 듣자마자 실망하는 표정으로 이렇게 말하는 것이었다.

"아니, 직장을 다시 다니라고요? 어휴…. 하긴 뭐 아직 손금 공부 중이신데 뭐 정확히 아시겠어요? 암튼 고마워요."

손금 봐주고 본전도 못 찾은 느낌이랄까 기분이 썩 좋지 않았던 기억이 난다. 지금에서야 그분이 왜 그렇게 고지식한지, 본인 성격에 모난 건 모르고 주변 사람 탓, 환경 탓만 하는지를 이제야 알았다. 감정선이 살짝 아래 방향으로 흐르면서 비애 선도 비추는 것이 이미 마음의 힘듦이 있다는 것을 보여주면서 바로 감정선 위에 성공구 부분에 생긴 심적 방황선 즉 고지식선 영향을 많이 받고 있었다.
    이런 선이 있는 분들은 좋게 이야기하면 철두철미하고 논리적인데 나쁘게 이야기하면 너무 고지식해서 본인이 본인 속 괴롭히고 동시에 주변 사람들 행동이 이해가 안 가서 주변 사람들이 이상해 보이고 나랑 맞지 않게 보이는 것이다. 한마디로 본인은 아무 이상 없는데 원인은 주변 사람들 탓 회사 탓이라고 불평불만을 쉽게 한다. 세상을 수학 공식처럼 곧

이곧대로 보면서 살아가니 세상 살기가 참 힘들 수밖에 없다. 이런 분이 개인 사업한다고 카페를 오픈한다면 잘될까? 대답은 아니올시다 이다. 지금 그분을 만난다면 이렇게 이야기 해주고 싶다.

"남들은 직장 하나 구하기도 힘든데, 지금까지 직장을 세 군데나 다니 다니, 본인이 일할 수 있다는 직장을 쉽게 구할 수 있다는 것만으로도 어찌 보면 행운입니다. 직장이 본인에게 힘든 곳이라고 피하고 싶고, 불평하지만 오히려 그곳이 당신의 마음과 행동을 수양할 수 있는 행운의 공간입니다.

손금과 사주를 보았으니 먼저 본인의 성격과 마음을 잘 바라보세요. 고지식한 성격을 조금만 더 내려놓으려고 노력하고 적은 일도 일거리 만들지 마시고 내려놓으면 세상도 당신을 위해 도움을 줄 것이고 행운이 올 것입니다."

04

어설픈 셀프 운명 풀이가
위험한 이유

얼마 전 아는 친구 K한테 전화가 왔다. 인터넷을 통해 사주보는 곳이 있어 올 한해 1년 신수를 보러 들어갔다고 한다. 그 친구도 사주 공부를 조금 했었던 친구였다. 올해 사주에 충(沖)이 들어왔는데 오히려 본인 사주에 합이 많으니 풀 수 있어 좋을 듯 싶은데 인터넷 사주풀이 하는 곳에서는 충에 대해 좋지 않은 이야기로 풀이한 것을 보니 괜히 걱정도 되고 염려가 된다고 했다. 더구나 올해 용띠들은 삼재라서 힘든 것 아니냐며 걱정이 가득 담긴 뉘앙스였다. 난 그 친구의 사주를 알기에 단호하게 이야기 해주었다.

"K야! 충(沖)에 대해 안 좋게 해석할 수가 있는데 사주는 전체를 보고 풀이해야 해. 오히려 너한테 변화 변동이 있을 수 있으니 올해 기회가 될 수 있어. 이미 대운도 바뀌었는데 현재에만 머무르는 게 오히려 운을 삭감하는 것 아닐까? 변화에 대해 적극적으로 대응해봐."

"그래, 운을 변화하려고 이제는 행동으로 옮겨야지. 고맙다."

그 친구는 다소 마음이 안정된 채로 전화를 마무리했다.

요즘은 SNS나 유튜브의 발달로 많은 사람이 손쉽게 정보를 얻고 있다. 오죽했으면 "무엇이든지 물어봐! 우리에겐 유 선생이 있잖아."라며 유튜브를 유 선생이라고 표현할 정도로 손쉽게 정보를 배울 수 있는 환경에 살고 있다. 온라인 플랫폼을 보면 운명이나 사주풀이에 관한 사이트와 유튜브 그리고 혼자 풀이할 수 있는 운명학이라고 해서 몇 달 배울 수 있는 온라인 강의까지 많이 나오고 있다.

'아는 게 힘이다'라고 물론 내 운명에 대해 알고 참고해서 산다면 모르고 사는 사람보다 훨씬 나은 운명을 살아갈 수 있다. 하지만 어설프게 수박 겉핥기처럼 배운다면 아는 게 오히려 독이 된다. 나도 사주 공부와 인연이 닿은 지 오래되었지만, 아직도 심오한 학문에 어려움이 있다. 그런데 우주의 이치와 음양오행의 원리 대자연의 철학이 담겨 있는 정말 심오한 학문을 몇 개월 만에 배워서 적용한다는 것은 마치 어린아이에게

칼을 주는 것과 같다고 본다.

내가 사는 전주에는 유명한 전주 한옥 마을이 있다. 우리 집에서 버스 타면 10분 거리로 거리가 가까워 가끔 놀러 가는 곳이다. 먹거리 음식과 볼거리로 유명해서 전국에서 사람들이 많이 찾는 곳이다. 코로나 이전에는 오는 관광객이 많아 주차장이 모자라 도로변에 주차 자리를 만들었는데도 주차 차들이 한쪽에 가득히 즐비해 있을 정도였다.

많은 사람이 오고 가는 만큼 몇 년 사이에 길거리에 천막을 쳐놓고 손금을 봐주는 곳이 의외로 많이 생겼다. '뭐 눈엔 뭐만 보인다.' 더니 내가 손금 공부를 하는 사람이라 그런지 손금 봐주는 곳에 관심이 많았고 손님들이 얼마나 갈까 궁금해 멀리 지켜본 적이 있다.

의외로 오며 가며 지나가는 젊은 사람들뿐만 아니라 나이 드신 분까지 손금을 보러 많이 들락날락했다. 손금 한번 보는데 3천 원으로 커피 한 잔 값도 안 되는 돈으로 손금을 봐주었다. 보는 사람들 심리도 3천 원을 내고 큰 걸 바라지는 않고 재미로 본다고 생각하고 보는 경우가 많다. 그런데 문제는 내 운명에 대해 긍정적인 말을 들으면 다행이지만 부정적인 말을 듣는 게 문제이다. 겉으론 무시한다고 하더라도 은연중에 내 무의식에 들어가는 게 문제다. 예를 들어 어느 사람이 재미로 본다고 손금을 봤는데 "결혼 운이 없다."라는 말을 들었다. 재미로 본 거니까 그냥 무시할 수 있는데, 다른 곳에 가서도 그 말을 또 한 번 들었다 치자. 그러면 한번은 괜찮지만 같은 이야기를 반복 들은 사람은 그 말이 나도 모르게 믿음이 되는 것이다. 손금 공부를 하면서 알게 되었지만, 손금도 잘못된 정보로 시중에 많이 돌아다니는 책들도 많고 유튜브 역시 바르게 가르치는 유튜버들도 있는 반면에 사람들의 조회 수를 늘리려고 한 부분을 이야기하면서 마치 다 그런 성격이 된 듯하게 이야기하는 경우도 많다.

[독립두뇌선]

손금 중에 두뇌선과 생명선이 떨어져 시작하는 독립두뇌선 손금이 있다. 독립두뇌선은 독립적이고 누구의 간섭을 받기 싫어하는 경향도 강하고 자기 주도적인 성격이 강하다. 시중에 나온 손금 책 중 예전의 해석대로 손금을 풀어 놓는다면 여자의 손금이 만약 그렇다면 이 선만 보고 "여자가 남자만큼 기운이 강하니 결혼 운이 불리하고 안 좋다. 결혼하더라도 사회생활을 꼭 해라."라고 해석을 하는 경우가 있다.

하지만 손금은 절대 하나의 선만 보고 풀이해서는 안 된다. 그리고 현대 사회는 날로 변하고 여자들 역시 사회 활동을 많이 하는 시대이다. 여자의 성격이 강하다? 독립적이다? 해서 결혼 운이 안 좋다고 해석을 한다면, 이는 작은 것을 가지고 전체를 아우르듯이 손금 풀이하는 위험한 해석이 된다. 손금도 관상도 현대에 맞게 풀이해줘야 한다.

생명선과 두뇌선이 떨어진 손금이라면 손의 전체 형상은 어떤지 두뇌선과 생명선이 몇 mm가 떨어져 시작하는지 다른 감정선은 어떤 모양으로 있는지 그리고 두뇌선의 방향이 직선인지 곡선이지 월구로 가는지 여러 가지를 보고 풀이를 해주어야 한다.

예전에 사주 공부를 시작하는 초창기에 나의 사주가 궁금해서 배운대로 내 사주를 제일 먼저 풀이한 적이 있었다. 과연 나의 돈복이 어떤지 건강한지 잘살 것인가 관심이 많았었는데, 내 사주를 풀이했더니 나는 재물복이 별로 없어 보였다. 그리고 후에 관상학에 관심을 가지면서 혼자 책을 읽고 내 얼굴에 대해 살펴보았다. 얼굴 중 재백궁이라 하여 재운을 나타내는 곳이 코이다. 과연 사주대로 재물복이 별로 없는지 찬찬히 내 코를 봤다. 내 코는 콧대가 낮고 콧구멍이 살짝 보이는 코였다. 그런데 콧구멍이 보이면 속이 드러나는 격이니 재산을 남들이 쳐다보는 격이고 재산을 모으기 힘들며 들어온 재산도 쉽게 빠져 나갈 수 있고 복을 놓

쳐버리는 상이라고 되어 있었다.

"아이코…. 나는 타고난 사주도 재물복도 없고 얼굴 관상도 콧구멍이 보이니 이번 생에 돈 많이 누릴 팔자는 아닌가 보다. 어휴…. 내 팔자에 월 2백 정도 벌이라도 감사한 거네."

내가 내 사주와 얼굴 관상에 대해 어설픈 정의를 내리고 그 믿음대로 그대로 믿고 살았다. 그 결과 현실은 두말하면 잔소리로 정말 돈에 허덕이며 살았다. 그 후 사주 보는 실력도 더 늘어나고 대학에 들어가 얼굴 경영학에 대해 전문적으로 공부한 결과 내가 그동안 잘못된 믿음으로 살아왔던 것을 알았다.

세상에 재물복이 아무리 없는 사주더라도 사람은 누구나 자기가 어떤 생각과 마음을 가지고 행동하는 자유 의지와 운을 어떻게 활용하느냐에 따라 최소 50억에서 70억은 벌 수 있다는 것을 알았다. 일반 평범한 사람들도 50억에서 70억 정도 재운을 누릴 수 있지만, 본인의 무의식과 자유 의지에 따라 채우고 살 수도 혹은 평생 못 채우고 살 수도 있음을 알았다.

콧구멍도 보이는 게 문제가 아니라 내 코의 찰색을 우선 바꿔줘야 했고 콧구멍이 보이는 사람은 돈복이 없는 게 아니라 그만큼 돈의 씀씀이가 크다고 해석해야 했다. 재운을 볼 때 마찬가지로 코만 볼 게 아니라 이마와 턱의 모양도 같이 봐야 한다는 것도 알았다.

요즘은 유튜브가 잘 발달되어서 자수성가로 몇백억 부자들의 성공 이야기나 희망을 주는 분들을 많이 볼 수 있다. 그분들의 얼굴을 보면 의외로 콧구멍이 나처럼 보이는 코를 가진 부자들도 많이 있었다. 내가 그동안 어설프게 배운 사주 정보로 부정적 믿음을 갖고 소중한 내 인생을 잘못된 생각으로 작은 틀에 갇혀 살게 했다는 것을 깨달았던 경험이었다.

'선무당이 사람 잡는다'라는 말이 있다. 부디 독자 여러분들도 운을 재미로 보고 어설프게 배운 상태에서 내 인생을 정의해 난쟁이 인생으로 만드는 어리석은 행동은 하지 않았으면 한다.

05

손은 운을 보는
도구이다

여러분은 인생을 살면서 내 속 깊은 이야기를 나눌 친구들이 과연 몇
명이나 있는가.

진정 당신의 가장 친한 친구는 외부에서도 찾을 수 있지만, 여러분 가
까이 찾을 수 있다. 바로 여러분의 손이다. 손은 운을 보는 도구이자 내
인생의 비밀을 담고 있는 보물 지도와 같다. 그리고 당신을 가장 잘 알고
있는 속 깊은 친구와 같다. 누구보다 당신의 장점, 단점은 물론, 당신이
지금 고민하는 일이 그 일을 선택하면 옳은 선택인지 아니면 잘못된 선
택인지 알려준다. 현재 잘못된 길을 가고 있는 상황인지 아닌지 메시지

를 준다는 것이다. 당신의 손은 가장 가까이 조언을 해주는 친한 친구이자 당신의 멘토이다.

그럼 과연 나의 멘토인 손을 어떻게 보는지 알아보자.

하나, 손의 모양.

방형(실무형)

| 모양 |

손 전체가 두툼하고 부드러우며 뼈대보다는 살집이 더 많다.

손 전체가 네모진 모양이다.

손가락의 폭이 거의 같고 전체적으로 정방향으로 보인다.

발산형에 속한다.

사업가, 정치가, 임원, 리더, 보스의 손에 많다.

살집이 많으니 손 전체의 느낌이 폭신한 느낌이다.

| 성격 |

전략이 뛰어나고, 손이 유연하니 말과 상황대처 능력이 뛰어나다.

근면 성실하며 현실적인 사람으로 원칙과 규율을 잘 지키는 타입이다.

성격이 급하다. 주관이 강하며 이론적으로 따지는 단점이 있다.

창의력이 부족하다. 임기응변 실리주의자다.

노동형(원시형)

| 모양 |

전체적으로 손의 색도 거무스름하고 손가락은 짧고 땅딸막하다.

손가락이 굵고 손가락 마디가 튀어나와 손이 쫙 펴지지 않는다.

엄지손가락이 굵고 짧다. 노동형이나 일차 산업 종사자.

원시형 손을 가진 자는 근력이 발달하고 뼈대가 단단하다.

전체적으로 짧다. 손이 두껍다. 손이 건조하다. 손이 단단하다.

이 4가지 조건이 다 갖추어졌다면 100% 노동형 손이다.

| 성격 |

체력이 튼튼하고 건강해서 힘을 쓰는 일에 어울린다.

남을 속이지 못하고 솔직 담백하다.

사람이 단순해 보인다.

주걱형(활동가형)

| 모양 |

남성에게 많다. 엄지가 대체로 크다.

전체의 뼈가 굵고 단단하며 구둣주걱처럼 손가락 끝이 부풀어 오른 모양이다.

정리 · 정돈된 깔끔한 스타일. 깨끗 청정 예의가 좋다.

외모와 외형이 출중한 사람들이 많다. 철학형의 단점을 보완한 손.

체력도 좋고 능력도 있으며 끼도 있다.

차세대가 따르는 지도자형이다.

| 성격 |

다른 사람에 의지하거나 기대는 것을 싫어한다.

명령이나 지배받는 것도 싫어한다. 독립심이 왕성하다.

색다른 체험이나 새로운 것에 두려움이 별로 없다.

활동적이고 독창적이다. 열정이 뛰어나다.

철학형(사색형)

| 모양 |

살집이 별로 없으며 뼈가 나와 있다.

손가락 사이사이 관절이 발달하여 대나무 마디처럼 마디가 있어 손이 붙질 않는다.

손등을 봐도 뼈가 튀어나와 있다.

| 성격 |

살면서 혼자 있는 시간을 즐기며 사색을 즐긴다.

행동은 신중하나 어떤 일을 할 때 오랫동안 고민하는 성향이 있다.

상당히 이성적인 사람으로 사사로운 감정에 이끌리지 않는다.

철두철미하다. 손가락이 길고 언덕이 높다면 최고의 철학형 손이다.

첨두형(공상형)

| 모양 |

하얗고 살결이 매우 곱다.

손가락은 길고 끝으로 갈수록 가늘고 뾰족하다.

전체적 느낌이 늘씬하고 길쭉한 모양의 느낌이다.

끼가 가득한 손이다. 매력이 있다.

| 성격 |

아름답고 화려한 것을 좋아한다.

상상력도 뛰어나며 감정이 풍부하다. 도도하다.

체력이 약한 경우도 많다.

남이 날 어떻게 보는지 남의 시선을 중요시한다.

자기 매력 발산하는 것을 좋아한다.

원추형(예술형)

| 모양 |

손가락은 첨두형과 같이 비슷하여 손가락이 끝으로 갈수록 가늘다.

피부색은 희지 않으며 손바닥이 길고 살집이 있다.

손의 모양이 둥글며 이쁘다.

여자들의 손 모양에 많다.

| 성격 |

사람들과 잘 어울리고 순발력과 끼가 있다.

예술적 감각이 뛰어나다.

낭만적인 감성이 뛰어나다.

육체적으로 힘든 일은 좋아하지 않는다.

권태를 빨리 느끼기도 한다.

의지하려는 심리가 있고 끝마무리가 흐지부지할 때도 있다.

손의 모양을 크게 6가지로 나누었지만, 사람들의 손 모양은 다양하고 섞인 손 모양도 많다. 손금을 볼 때 손의 모양을 전반적으로 참고하며 발산형의 손인지 수렴형의 손인지 손의 표피가 넓은지 좁은지 보고 손가락의 길이를 비교하며 손금과 함께 풀이해야 한다.

둘, 손바닥의 구

손금을 풀이할 때는 손금뿐만 아니라 손바닥 구가 많이 중요하다. 구란 언덕처럼 두툼한 곳을 말하는데 항상 전체를 보며 풀이를 해야겠다.

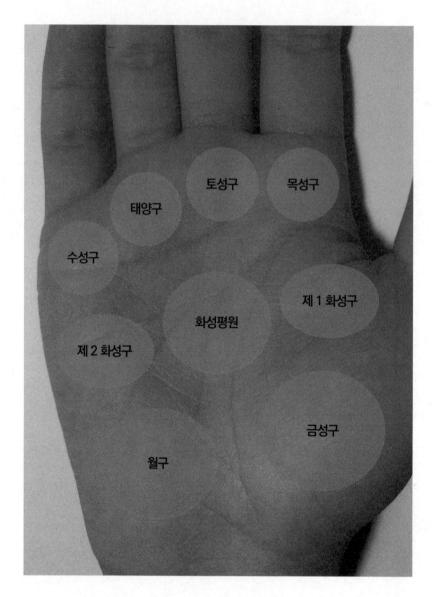

[손바닥의 구]

손금이 운명이다

| 금성구 |

금성구는 힘을 나타낸다. 금성구가 두툼한 사람은 체력이 좋다. 과하면 본인 목소리만 너무 큰 스타일이다. 금성구를 볼 때는 수성구(기회를 나타내는 구)와 같이 본다.

| 월구 |

순발력, 재치, 상상력, 아이디어 뇌와 연관이 있다. 스트레스를 많이 받으면 월구 부분이 붉은 기운이 도는 이유이다. 월구는 목성구와 짝꿍이다. 서로 같이 보면서 해석을 해야 한다.

| 제1화성구 |

위기, 좌절, 실패, 흉란의 기운이 산다. 좋은 손 모양을 가지면 도전, 용기로 해석하는데 일반적으로 여기가 발달하면 욱하는 성격이 강하거나 저돌적이다. 다른 선들이 이곳을 향해 있다면 주의가 필요하다.

| 제2화성구 |

갈팡질팡하는 모습의 에너지가 담겨 있다. 제1화성구는 확실한 모습으로 불운을 보여준다면 제2화성구는 이러지도 저러지도 못하는 상황으로 마음의 애를 먹이는 상황이다.

| 수성구 |

기회를 잘 잡고 시작을 좋게 하는 에너지가 담겨 있다. 사업적인 수단도 좋다.

| 태양구 |

명성이나 직위, 출세, 인기와 관련이 있는 구이다. 재운과 관련이 있다. 다른 구와 항상 비교해보고 태양구만 오히려 높다면 허세가 심한 사람이다. 성공구 부위에 아무 선이 없는 사람이 있는데 이러면 몸으로 뛰는 일이 맞는다.

| 토성구 |

나에 대한 위상이 산다. 토성구는 운명선이 흐르는 구이다. 잘 발달하면 내가 안정적이다. 구가 낮다면 자신을 너무 낮추어 대하는 경향이 있다.

| 목성구 |

욕심, 희망, 권력, 명예와 관련이 있다. 사업 운과 많이 관련이 있다. 일에 관한 진취성이 있는 곳이다.

셋, 손안에 있는 손금

손금에는 태어나면서 주어진 손금인 주선(기본선)이 있고 가지 선이 있으며 실선이 있다.

주선과 가지 선은 손바닥에 나타나는 위치가 있는데 실선은 살아가면서 나타났다가 사라졌다 하는 선을 말한다. 선의 이름과 선들이 하는 의미를 알아보자.

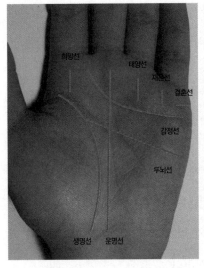

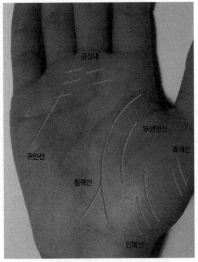

[손바닥의 주선]　　　　　　[손바닥의 가지선]

손바닥의 주선

| 생명선 |

생명선을 수명과 연관해서 보기도 하지만 꼭 수명보다는 본인의 건강, 끈기와 인내력, 지구력 등의 성격, 그리고 손금의 전체적인 해석에 아주 중요한 역할을 하는 선이다. 생명선이 어떤 모양을 하느냐에 따라 인생의 전반적인 안정성이 달라진다.

| 두뇌선 |

성격과 흉사에 대한 길흉 판단을 볼 때 두뇌선을 본다. 하는 일에 대한 이득이 무엇인지 손해가 무엇인지 알 수 있으며 이성적이냐 신중하냐 우유부단한가를 알 수 있다. 두뇌 회전에 대해 알 수 있는 선이다. 판단과 결정에 대해 어떻게 대처하는지 그 사람의 성향을 알 수 있다. 건강을 볼 때도 두뇌선을 참고한다.

| 감정선 |

감정선을 통해 그 사람의 마음의 수준을 알 수 있다. 감정과 기분 상황을 알 수 있으며 성격이 감정선을 통해 많이 드러난다. 건강을 보기도 하는데 주로 혈액순환, 심장과 많이 연관되어 있다. 직선형인지, 곡선형인지, 감정선의 길이 비교, 감정선 끝의 선 방향과 감정선의 가닥 수가 많은 사람은 마음이 흔들리고 기복도 심하다.

| 운명선 |

책임감을 말하며 일복을 말하기도 한다. 말년의 일복을 볼 수도 있고 끈기와 인내의 성격을 볼 수 있다. 운명선의 진하기와 생김새에 따라 여자와 남자의 해석이 다른데, 진한 운명선 및 운명선과 자수성가 선이 같이 올라가는 여자의 경우 일복이 많고 남자 덕 보기보다는 내가 이 지구에서 남성같이 할 일이 많다는 뜻이 있다. 반대로 운명선이 흐리고 끊어졌다면 기력이 약하고 일의 끝마무리가 약하다.

| 태양선 |

태양선은 출세와 명성과 직위를 나타낸다. 약지 아래 나타난 선이다. 태양선은 말 그대로 적당해야 한다. 과유불급이라고 태양선이 감정선 아래로 쭉 내려오고 손의 수형과 손금이 좋지 않으면 오히려 해가 된다. 태

양이 너무 뜨거워 괴롭기만 하지 결실이 없다.

태양선을 볼 때는 주변이 지저분하지 않은지 사선으로 치는 장애선이 있는지 잘 봐야 한다. 장애선이 있을 때 장애선보다 태양선의 굵기가 더 굵다면 크게 염려하지 않아도 된다. 하지만 장애선 아래로 희미하게 비애선이 사선으로 보인다면 나중에 본인의 분수대로 행동하지 않을 경우 오히려 장애선이 진하게 연결될 수 있으니 손금은 항상 넓게 보는 시야로 풀이를 해야 한다.

| 재운선 |

금전운을 뜻한다. 소지와 약지 사이에 나온 선을 말한다. 금전운이라 해서 직접적인 돈을 말하는 게 아니라 기회를 잡을 수 있는 가능성을 말한다.

재운선을 볼 때 주의할 것이 있는데, 재운선 아래로 만약 제1화성구로 선들이 생기면 사업할 때 반드시 조심해야 한다. 건강선 역시 재운선과 만나 생명선과 만나면 개인 사업은 하지 않는 게 좋다. 재운선은 2-3세 가닥 나오는 것이 가장 좋고 비가 내리듯 많이 있으면 오히려 안 좋다.

| 결혼선 |

결혼선이 나란히 평행선처럼 있는 경우 결혼에 약간 불리할 수가 있다. 좋은 배우자를 만나기가 힘들 수도 있다. 결혼선이 손바닥 아래쪽으로 하향하는 예도 있는데 이럴 때 현재 결혼 생활 만족도가 떨어질 때 이런 선이 나온다. 결혼선은 남자의 경우 사업 운을 볼 때 꼭 참고해서 본다.

| 희망선 |

검지 아래쪽으로 올라온 선을 말한다. 희망 선이 곧은 길상이면 일을 시작할 때 희망적이고 만약 희망 선이 흔들림을 보이면 일에 대한 희망이 약하다고 보여주는 선이다. 그리고 희망 선이 약하게 나온다는 것은 내 마음이 여리다는 것을 보여주는 선이다.

손바닥의 가지선

| 금성대 |

1획으로 나온 선은 바른길의 행동을 말한다. 본인이 도리를 지키며 살다 보니 세상에 대해 손해 본다는 태도를 느낄 수 있다. 금성대가 많이 나오면 살아가는데 생각이 너무 많다. 금성대가 많은 경우 창의력과 상상력 예술에도 소질이 있는데 이는 손의 형상이 좋을 경우이고 대다수는 우유부단한 성격을 강화한다. 특히 남성의 손에 금성대가 많으면 생각이 많아 실천력이 떨어지니 마이너스로 작용한다.

| 활력선(여행선) |

이 선은 발산의 에너지를 뜻한다. 주로 여행 선이라고 한다. 대표적인 발산의 성격을 가진 선이 여행선과 운명선이며 양의 기운을 나타낸다.

활력선을 볼 때 주의할 점은 생명선 안쪽에 심고 선과 건강선이 내려오고 활력선이 생명선에서 만나는지 잘 봐야 한다. 만약 만나면 활력선이 아니라 오히려 이 시기에 자중하며 있어야 할 시기라 사업 확장, 새로운 일 도전은 하지 말고 더 준비하는 시간을 갖는 게 좋다.

| 영향선(부생명선) |

생명선 안쪽으로 금성구에 나란히 나 있는 선을 말한다. 이 선은 생명선을 보조하는 역할로 부생명선이라고도 한다. 영향선이 길상이면 좋은 배우자를 만나거나 나에게 도움을 줄 수 있는 인생의 멘토를 만날 기회가 높다. 부생명선이 생명선과 떨어져 나란히 가는 모양이 좋은데 만약 생명선에 닿으면 오랫동안 가족이나 가까운 사람 때문에 속앓이해서 내 마음이 곪아가는 형국이 된다. 건강, 사업 운을 볼 때도 참고한다.

| 귀인선 |

제2화성구에서 시작해서 태양구 쪽으로 올라가는 선인데 이 선이 생긴다는 것은 내가 현재 방황하고 헤매고 있는 힘듦에 놓인 상황이라는 뜻이 있다. 이 상황이 오래된 경우 이 선이 나온다. 만약 오랫동안 매달리는 사업이나 공부를 하는 사람이 귀인선이 나왔다면 그 길이 아니니 정리하라는 의미에서 알려주는 선이다.

| 호색선 |

금성구 안쪽에 세로로 나온 선을 말한다. 엄지 가까이 난 세로 선은 호색선이고 생명선 가까이 난 선은 인복선이다. 남자 여자와의 해석이 다른데, 남자의 경우 자신감 내세움을 뜻한다. 능동형의 손일 경우 집중, 몰입이고 수동형의 손일 때는 탐닉을 나타낸다. 여자의 경우 자기주장이 뚜렷하고 자기 관리를 잘하는 뜻이 있다.

엄지 아래 선들이 너무 많이 있다면 세심, 정밀, 관찰, 잡생각 등으로 해석을 할 수가 있다.

　손금이 운명이다

06

배배 꼬인 마음,
손금도 꼬입니다

손금을 보면 정말 여러 가지의 선 모양들이 있다. 지금 내 손안에 손금 모양을 보고 아래와 같은 선들이 나타난다면 지금의 내 행동과 처세가 잘못된 방향으로 가고 있다. 배배 꼬인 마음이 손금의 선을 꽈배기처럼 꼬이게 만드는 이치이다. 당장 나의 마음과 행동을 점검해보고 바꾸려고 노력해야겠다.

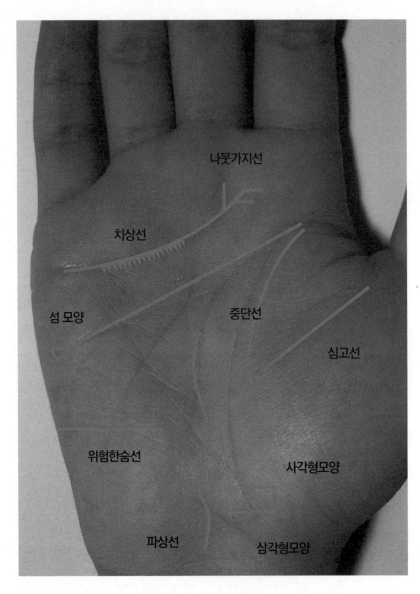

나뭇가지선

치상선

섬 모양

중단선

심고선

위험한숨선

사각형모양

파상선

삼각형모양

[손바닥에 나오면 운을 삭감시키는 선의 모양]

꽈배기선(쇄상선)

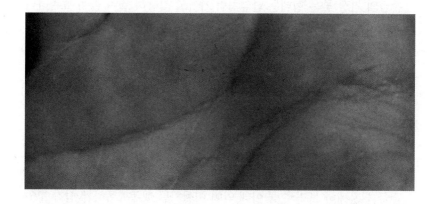

일명 꽈배기 선이라고 부르는데 새끼줄이나 쇠사슬 모양으로 된 선을 말한다. 생명선, 두뇌선, 감정선에 많이 나타난다. 꽈배기 선은 생명선에 나타나면 체력이 떨어지고 두뇌선에 나타나면 판단 오류가 나타나고 감정선에 나타나면 감정적으로 영향을 준다.

걱정을 사서 하는 성격이다. 고민이 감정선에 매달린 상황이다. 감정선이 꼬인 만큼 기분도 꼬이고 생각도 꼬였다. 이렇게 꼬인 사람들은 생각이 자꾸 부정적인 생각이 많이 나고 또 그렇게 세상을 바라보려고 한다.

문제를 본인이 만들어 문제 삼아 걱정하는 스타일이다. 한번 꼬인 감정선은 풀기가 꽤 어렵다. 그만큼 에너지가 많이 필요하니 내 손금이 배배 꼬였다면 명상과 세상을 여유 있고 넓게 긍정적으로 바라볼 수 있도록 노력해야겠다.

구불구불선(파상선)

손금의 가장 좋은 형태는 난잎처럼 가늘고 적당히 길며 끝이 뾰족하니 단아하게 떨어지는 선을 최우선으로 쳐준다. 하지만 선 중에 구불구불선이나 휘어서 나오는 선들도 많다. 구불구불한 선은 힘이 없다. 운명선이 파상 선일 경우 운명선의 기능을 삭감한다.

악어 이빨 모양선(치상선)

손금을 자세히 보면 손금 아래 악어 이빨처럼 뾰족뾰족하게 삼각 모양으로 나 있는 선이 있다. 아니면 자크처럼 선이 점으로 꼬집듯이 되어 있는 선이 있는데 주로 두뇌선에 많이 나오고 생명선에도 나온다. 두뇌선에 나오면 판단 오류 가능성이 크고 생명선에 나오면 체력 저하가 염려된다. 선의 기능을 허약, 소진, 부진하게 만든다.

끊어진 선(중단선)

선이 잘 가다가 중간에 끊어진 선을 말한다. 중단의 선은 선이 가진 의미를 깨는 경우가 많다. 그리고 끊어진 시기가 언제인지 잘 봐야 한다. 그 시기에 변화나 변동이 생긴다.

나뭇가지선(차상선)

선 끝에 나뭇가지처럼 작게 나와 작은 선들이 달린 형태를 말하는데 이선 역시 본선이 가지고 있는 힘을 약하게 한다.

섬 모양

손금을 보면 선과 선이 만나 섬 모양을 이루는 경우가 보이는데 섬 모양이 있는 시기에 정체 고인다는 뜻이 있다.

손금의 고수가 되면 지금 보이는 선만 보는 게 아니라 현재 이 사람이 인생을 어떻게 나가는지에 따라 섬 모양을 미리 유추해 보이는 단계까지 갈 수 있다.

삼각형 모양

손금에 잔 선이 많이 생기면 주선에 삼각형 모양으로 만들어진 경우가 있다. 삼각형 모양이 만들어지면 소통 방해, 정체, 어려움 등이 생긴다.

사각형 모양

삼각형 모양이 많이 생기면 삼각형들이 만나서 사각형의 모양이 만들어진다. 사각형의 모양이 생기면 작은 감옥 같은 역할을 한다. 답답하다. 일 진행도 잘 안 된다.

심고선

생명선 안쪽에서 나오는 선인데 만약 이 선도 생명선에 닿으면 좋지 않다. 금성대에서 심고선이 나오고 월구에서 위험한숨선이 나와 생명선에 닿으면 사업, 건강 반드시 조심해야 한다.

07

작심삼일 하는 당신,
손금을 바꿔라

- - - - - - - - - - - - - - -

"보리야…. 나 또 다이어트 실패했어! 운동도 마스크 쓰고 하니까 너무 힘들고 갈빗집 앞을 지나가는데 왜 이리 맛있는 냄새가 나를 유혹하냐…. 에라 모르겠다. 어제는 그동안 못 먹은 돼지갈비 실컷 먹었네."

동네 아는 언니가 다이어트 실패했다고, 전화 통화 내내 푸념하며 한 말이다. 그 언니를 보니, 내 예전 모습이 생각났다. 다이어트는 아니지만, 건강 생각해서 운동 계획 세우면 처음에는 잘하다가 언젠가 흐지부지 해지고, 1일 계획 세워놓고 며칠 못가 흐지부지하는 경우가 많았다.

이후 뇌에 관심이 생겨 공부하다 국가공인 '브레인 트레이너' 자격증을 취득했고, 전문적으로 뇌 관련 공부를 해보니 사람이라면 누구나 작심삼일은 당연함을 알게 되었다. 이제는 내가 나의 뇌의 특성을 잘 알고 관리해서 그런지 내가 세운 계획을 잘 지키고 있다. 끈기와 노력의 대가는 내 손금도 바꿔주었다. 끈기와 관련된 운명선의 선이 진해졌고 전반적으로 예전과 비교하면 선의 모양이 긍정적으로 바뀌게 되었다.

뇌 과학에서는 작심삼일이 우리의 뇌 때문이라고 말한다.

정신과 의사인 이시형 박사의 저서 『공부하는 독종이 살아남는다』에서 부신피질 방어 호르몬 이야기가 나온다. 우리는 이 호르몬 덕분에 아무리 하기 싫은 일을 3일까지는 어떻게든 할 수 있는데 문제는 이 호르몬이 3일이 지나면 우리 뇌에서 딱 멈춘다. 그러니 독종이 아닌 이상 정말 흐지부지 해지는 것은 당연한 이치다. 그렇다고 뇌 탓만 하면서 현실을 이대로 그냥 포기하며 살 수는 없다.

뇌는 천억 개의 신경세포(뉴런)와 100조 개의 시냅스(뉴런과 뉴런을 이어주어 신호를 주고받는 부위)가 있다. 새로운 습관이나 목표를 향해서 그동안 안 해보던 새로운 행동을 하면 우리 뇌는 새로운 뇌 회로가 생긴다. 뇌 회로가 만들어지는 것은 새로운 도로를 만드는 것과 같다. 나의 뇌에 새로운 습관에 대한 길이 만들어지는데 보통 21일 정도 걸리고 6개월이 지나면 아주 자연스러운 나의 습관으로 자리 잡는 것이다. 어떻게

든 3주만 이라도 긍정적인 습관을 매일 한다면 그 이후에는 훨씬 수월해진다.

 하지만 3일까지는 어떻게든 버티겠는데, 21일까지 꾸준히 매일 한단 말인가? 방법은 우리 뇌를 속이는 것이다. 어떻게? 운동을 예를 들면, 어제까지 편하게 아무 운동도 하지 않은 사람이 갑자기 오늘부터 1시간 운동하기를 계획했다.

 일반적으로 2~3일은 하는데, 시간이 흐를수록 운동이 힘이 들고 그 1시간이 나에게 큰 부담과 또 다른 스트레스가 된다. 그래서 대부분 포기했다가 후회하고 다시 계획하는 악순환이 반복된다.

 이럴 땐 작은 변화로 시작해서 뇌가 알게 모르게 습관이 스며드는 방법을 쓰는 것이다. 예를 들어 하루 1시간 운동이라면 갑자기 1시간으로 정하지 말고 오늘은 10분만 운동을 2~3일 정도 한 후, 3일 후 20분, 5일 후 30분 이렇게 시간을 점차 늘려가며 운동을 하라는 것이다. 그 대신 운동하는 시간을 들쑥날쑥하지 말고 퇴근 후면 퇴근 후, 아침 일어나서 하려면 일어나서 해야 한다. 정해진 시간에 꾸준히 차츰차츰 시간을 늘려가며 하면 된다.

 그러면 우리 뇌는 새로운 뇌 회로가 서서히 뇌에 자리 잡게 되면서 어느새 자연스러운 습관으로 내 몸에 자리를 잡게 된다. 그와 동시에 나의 손금의 선 모양도 변한다.

내가 사는 전주시에는 주입식 교육이 아닌 청소년들이 같이 모여 직접 프로젝트를 만들어 활동하면서 실수도 해보고 성취감도 느껴볼 수 있게 한 전주 창의형 야호 학교가 있다. 첫째 아이가 중학교 때 다니면서 인연이 되어 주말에 활동하는 '틔움 교사'로 나도 활동을 하게 되었다. 틔움 교사로 활동을 하면서 다른 프로젝트를 맡아 주중에 야호 학교로 간 적이 있었다. 사무실에 갔는데 새로 온 J 씨가 보였다. 젊은 분이었는데 청년 공공 근로에 선정되어서 3개월가량 정도 같이 일을 한다고 했다.

　얼굴은 얼핏 보면 고등학생 같은 이미지가 남았는데 나이는 20대 후반이라고 했다. 어린이집 선생님을 했었는데 고졸이라서 그런지 어린이집에서도 차별을 두는 것 같아 그만두고 일자리를 알아보다 들어왔다고 했다. 앞으로 직업 운이 어떨까, 결혼 운은 어떨지 손금을 봐준다고 하니까 좋다고 손을 내밀었다.

　그 여자분의 손의 첫인상은 흐늘흐늘 힘이 빠진 패널 같은 손이랄까? 손금을 보니 유달리 새끼손가락이 짧았고 전체 삼대선(생명선, 두뇌선, 감정선)이 희미하고 손의 언덕도 밋밋하니 전반적으로 체력도 약해 보였고 운명선은 가다 끊기고 가다 끊기고 그것도 희미했다. 손의 전반적인 느낌이 의지나 끈기도 약해 보였다. 이런 손금은 남자친구를 만나기보다 본인 몸과 마음을 먼저 챙겨주는 게 우선순위로 보였다.

　"어떤 일을 하면 끝까지 결과를 보려고 노력을 해야겠어요. 남자친구보다 본인 마음 체력 건강에 더 힘쓰세요."

"그래요? 소개팅해도 잘 안 되고 외로워서 남자친구 사귀려고 해도 잘 안 되더라고요. 일도 공공 근로를 이번에 두 번째 하는 거라서 올해는 더 할 수 없으니 회사라도 좋은데 들어가면 좋겠어요."

젊은 사람이 공공 근로 일만 하는 게 이해도 안 갔고 솔직히 그 손금으론 우선 체력과 마음을 바꾸는 게 우선인 것 같아 보였다.

"그럼 일단 손에 선도 그렇고 힘이 있는 게 좋으니 등산도 좋고 헬스도 좋으니 끈기 있는 운동으로 체력을 키우세요. 그리고 마음 건강도 중요하니까요! 감정 조절하는 데, 명상도 좋아요. 끈기도 키우고 마음 정화도 되게 앞으로 50일 동안 꾸준히 매일 감사한 일 3가지씩 찾아 써보세요. 감사한 일 3가지 적는데 3분도 안 걸리니 꼭 한번 해보세요."

무언가 꾸준히 하는 것 중 100일이라는 날짜 목표가 우리 뇌와 습관을 바꾸는데, 아주 효과적이다. 목표를 정하고 작은 습관을 매일매일 하다 보면 당연히 손금도 변화가 온다. 하지만 J 씨한테 100일은 너무 힘들어 보여 50일로 줄여 말해주었다. 그랬더니 그분 하는 말이 이러했다.

"네? 50일 동안이요? 며칠도 아니고 50일 동안 감사한 일을 매일 어떻게 해요…. 어휴…. 아무튼, 손금 봐줘서 고맙습니다."

인사는 받았지만 내가 한 말은 귓등으로 흘려보내는 느낌이었다. 그러고 나서 오랜만에 야호 학교에 갔었는데 그 여자 직원이 보이지 않았다. "J 씨가 안 보이네요?" 물어보니 직원분이 들려오는 대답이 황당했다.

"세상에…. 그분이요 아침 출근도 툭하면 몸 아프다고 전화 와서 낮이 다 돼서 출근하는 것도 다반사고요. 어제는 너무 과식해서 아침에 소화가 안 돼서 출근 못 한다고 전화가 와서 오늘 쉰대요. 중요한 건 퇴근할 때 제가 먼저 일 때문에 출장 가서 그분께 사무실 닫으라고 맡겨놓은 적도 많은데요. 6시 30분 퇴근인데 6시도 안 돼서 퇴근한 적이 한두 번이 아니더라고요. 퇴근 시간이 데이터에 찍히는 줄 모르고 정시 퇴근했다고 거짓말을 하질 않나…. 어휴, 살다 살다 이런 사람 처음 봐요."

그렇게 3개월을 겨우 채우고 J 씨는 그만두었다. 흐지부지 작심삼일 같은 마음으로 살다 보니 J 씨 손금도 그렇게 변한 것 같다. J 씨는 어쩌면 좋은 운이 왔는데도 스스로가 발로 '빵' 하고 찬 사례다. 그 당시 야호 학교가 새로운 건물도 짓고 확장하고 있던 때라서 J 씨가 기본적인 행동과 처세를 잘했다면 야호 학교 직원으로 들어갈 기회가 생기지 않았을까 생각해본다. 손의 수형이 약한 사람들은 J 씨처럼 알게 모르게 본인의 나쁜 습관이 몸에 익혀졌는지도 모르고 평상시 습관대로 행동한다. 행동에 대해 누가 조언을 해줘도 실천하는 실행력이 부족해서인지 변하려는 노력도 약하다.

시작은 창대하나 실행력이 약하고 결과가 흐지부지하는 사람들의 손금의 특징을 적어본다.

하나, 운명선이 흐릿하거나 흐지부지 끊어져 있거나 찾아보기 힘들다.

둘, 손금의 금성구와 월구가 밋밋하다.

셋, 생명선 하단부가 흐지부지 힘이 없다.

넷, 성공구 부분이 지저분하게 금성대가 많다.

다섯, 손이 전체적으로 힘이 없고 손 모양이 길고 손톱도 길다.

여섯, 기본 삼대선이 전체적으로 희미하거나 꼬이는 등 선의 변형이 있다.

당신의 손금이 위에 열거한 사항에 많이 해당한다면 지금부터라도 본인이 실행할 수 있는 작은 목표라도 정해보자. 그리고 저자가 제시한 우리 뇌를 알게 모르게 습관이 스며드는 뇌 활용 방법을 활용해보자.

그래서 작심삼일이 아닌 당신이 정한 목표의 끝을 경험해보자. 결과의

맛을 알고 성취의 기쁨을 안만큼 당신의 손금에도 분명 긍정의 선들로

바뀔 것이다.

08
- - -

부자 손금과 빈자 손금의
한 끗 차이

　예전 손금 스승님의 경험담 중 기억에 남는 사례가 있어 적어본다. 60 대 중반 남자분의 손금 사례자의 질문은 "앞으로 남은 인생 건강과 사업 운이 괜찮을까요?"였다. 그분의 손금을 보았더니, 생명선은 하단부위가 끊어졌는데 간신히 운명선이 그 자리를 연명해서 올라가고 결혼선은 하향해서 이미 제1화성구를 향해 가고 있었다. 남자 손에 결혼선이 하향하면 사업하는 사람들에게는 좋은 의미는 아니다. 손금을 봤을 때 괜찮은 손이면 긍정적인 말을 해주어 기분이 좋은데, 이렇게 안 좋은 선들이 보이면 어떻게 풀이를 해줄까 한 번 더 고민하신다고 하셨다.

상담 날짜가 다되어서 상담하시는데 생각지 않았던 반전이 생긴 것이다. 손금을 봐서는 사례자의 힘든 삶에 찌든 목소리와 인생에 대해 푸념을 할 줄 알았는데, 의외로 남자분의 목소리가 꽤 차분하고 목소리에 힘이 있으셨단다. 상당히 예의가 바르시며, 상담하는 내내 스승님의 말씀을 경청하시며 잘 들어주며 오히려 긍정적인 말씀을 많이 하셨다고 한다.

더 놀라운 점은 지금 현재 중소기업 정도의 사업을 운영하고 있는데 큰일 없이 사업도 꾸준히 잘 유지되고 먹고 사는 데 문제도 없고 가정도 평안하니 괜찮다고 했다. 젊었을 때는 한 가닥 하는 성격이라 일이 생기면 참지 못하고 부인과 많이 부딪쳤지만, 절에 다니면서 부처님 말씀 따르며 마음공부를 하니 본인 성격도 많이 변했다고 한다.

그리고 결정타의 그분 말씀이 이어졌다. 몇십 년 동안 꾸준히 매달 조상님의 묘를 찾아 정성스레 가꾸고 조상님들에게 "복되게 잘살게 해주시고 평안하게 해주셔서 조상님들께 정말 감사합니다."라는 감사 인사를 하고 온다는 것이었다.

매달 조상님을 찾은 정성도 대단하지만 본인을 알고 더 좋은 방향으로 만드신 노력이 그분의 운명을 바꾼 게 아닌가 싶다. 스승님께서 강의하시며 말씀하신 게 기억에 남는다.

"손금만 봐서 풀이한다면, 그 사람의 운을 절대 다 풀이할 수도 없고,

때론 실수할 수도 있다. 정말 흔한 일은 아니지만, 간혹 아주 간혹 손금과 현재 사는 방향이 다른 분들이 있다. 그래서 손금을 볼 때는 그 사람의 행동, 말 습관, 목소리를 현장에서 직접 보고 풀이하는 게 제일 정확하다."

사람을 단편적으로 보면 안 된다는 사례였다.

한 사람의 관상 역시 얼굴뿐 아니라 목소리, 말하는 태도, 자세, 행동, 마음 씀씀이까지 봐야 얼굴에 대한 풀이가 정확히 나온다. 그 상담자는 조상님들이 조상들의 묘지를 매달 잘 관리해줘서 고맙다고 내려주신 복인지, 아니면 조상님들에 대한 정성 어린 마음과 본인의 단점을 알고 변화시키며 감사하는 마음으로 사신 덕분인지 알 수는 없지만 분명 눈에 보이지 않는 힘이 우리의 운명과 현실을 바꾸는 것은 있는 듯하다. 이 상담자야말로 인생을 진정한 부자로 사는 분이 아닐까 생각해본다.

안 보이는 운의 영역이 있다는 것을 늘 참고하며 부자 손금의 일반적인 특징은 무엇이 있을까?

하나. 통 식빵의 모양처럼 손바닥도 올록볼록 구가 잘 형성되었다.

둘. 생명선이 굵고 진하게 돌아가며 금성구 안에 부생명선이 잘 자리 잡고 있다.

셋. 두뇌선도 끝이 예리하며 적당한 길이의 직선형 손금이 많다. 직선형 손금들이 하나를 깊게 파고드는 성격이 강하니 본인이 결정한 행동에 대해 끝까지 파고드는 성격이다.

넷째. 세로 삼대선(운명선, 재운선, 태양선)이 감정선 위 성공구 부위에 자리를 잘 잡고 있다.

예전에 다니던 원불교 교당에서 단 대표를 맡고 계신 단장님 손금을 봐준 적이 있다. 그분은 남편이 의사이시고 단의 단장님으로 활동도 열심히 하시고 집도 잘사시는 듯했다. 그분 손금을 봤을 때 위에 열거한 생명선 감정선 두뇌선이 힘도 있고 손도 힘이 있으시고 세로 삼대선이 힘 있게 감정선을 넘어 있고 전체적으로 손금이 좋아 보였다.

하지만 자세히 보니 감정선이 원래 있던 자리에서 조금씩 사라진 모습이 보였다. 현실에 대해 재미가 없고 힘이 들면 원래 있던 감정선이 사라지기도 한다. 그리고 생명선 안쪽에 부생명선이 생명선을 만나 있었고 전체적으로 손이 붉은색이 많았다. 생명선이 시작하는 초기에는 장애선이 제1화성구를 향해 많이 내려와 있었다.

원래 타고난 손금은 좋게 태어났는데 살면서 환경과 마음 관리에 따라 없던 장애선이 생기고 감정선도 조금씩 사라지고 있었다. 부생명선 또한 생명선 안쪽에서 같이 생명선을 도와 나란히 있으면 좋은데 이선 역시 생명선을 만나서 붙어 있었다. 부생명선이 생명선을 만나면 주변 사람이나 가족들을 돌봐야 하고 전체적으로 손금의 운을 삭감하는 경향이 있다. 겉으로 보기엔 남편이 의사에 원불교에선 단장님까지 하시면서 걱정 없이 사실 것 같았지만 손금은 의외로 아닌 게 보였다.

"단장님, 겉으로는 괜찮아 보이신데요. 혹시 걱정거리나 힘드신 게 있으신가요?"
"어머 손금에 그런 게 나와요? 신기하네…. 호호호."

멋쩍은 웃음을 멈추시고 단장님이 이렇게 말씀하셨다.

"내 남편이 4남 2녀로 장남이야. 그런데 내가 남편 가족들 뒷바라지 다 했잖아. 시아버지가 일찍 돌아가셔서 남편이 시아버지 역할 했거든. 그 중에 남편이 그나마 공부 잘해서 의사가 된 거야. 내가 시댁 식구들을 챙기느라 내 젊은 시절을 다 보낸 것 같네.
도련님 중에 사고 쳐서 신경 써, 사업한다고 돈 빌려줬다가 신경 써, 거기다 학비까지 보태주고 시댁 도련님들이며 고모들까지 내가 다 시집 장가 보내는데 일일이 신경 써 어휴…. 이제 나도 내 인생 살아가려나 한숨 돌리려고 했더니 시어머니가 치매가 걸리셔서 내가 모시고 있어…. 남들한테만 의사 사모님이지 내가 산 인생은 시댁 뒷바라지하고 일하려고 시집온 거 같다니까…. 요즘은 내 팔자야 소리가 절로 나오더라고."

단장님의 푸념 아닌 푸념은 계속 이어졌다.

"그나마 시댁 시골에 땅과 재산이 있어 남편 앞으로 해주었다지만 땅은 팔아야 돈이 되는 거고 지금은 치매 걸린 시어머니 병간호하느라 내가 은근 너무 힘드네. 솔직히 사는 게 재미가 없어. 시어머니를 요양 병원 보내는 것도 그렇고, 내가 어머님을 집에서 간호하는데, 그나마 요양 보호사가 오는 3시간 빼고는 내가 보호하고 챙겨드려야 하니까 솔직히 몸도 마음도 지쳐. 아이고…. 괜히 손금 본다고 해서 내 푸념만 보리 씨한테 한 것 같네."

단장님 말씀을 들으니 정말 여자가 운명선이 너무 짙고 중지 아래까지 올라간 운명선은 일복이 많다더니 그 역할을 제대로 하시는 것 같았다.

타고난 손금은 좋게 타고 나신 것 같았지만 시댁 식구들 챙기느라 감정과 마음이 무너져 내리는 줄 모르고 사시는 단장님이 안타까워 보였다. 아무리 사모님 소리 듣고 시골에 땅이 많고 재산이 있으면 뭐하나 싶었다. 현실이 재미없고 그분 인생은 '시댁 뒤치다꺼리만 하고 살아온 인생'으로 기억되고 지금은 감정선마저 사라질 정도로 우울함과 재미가 없으니 말이다.

위의 두 사례처럼 정말 아니다 싶은 손금이었는데 오히려 조상 덕과 나의 단점을 알고 꾸준히 변화한 마음과 행동으로 본인의 삶을 마음 부자로 사시는 분이 계신가 하면, 손금은 본래 잘 타고난 것 같았지만 살아가면서 삶의 고뇌에 찌들어 그 좋던 손금이 바뀌고 마음은 재미가 없고 우울하게 사는 마음 가난처럼 사는 분의 삶이 참 대조가 되었다. 부자 손금과 빈자 손금의 한 끗 차이 여러분은 과연 어떤 차이라고 보는가?

2장

손금이 운명이다

- - - - - - - - - - - - - - - -

손금이
운명이다

손금을 가만히 보면 많은 선이 나 있다. 그리고 손 모양도 가지각색이다. 손금을 운명에 빗대어 표현하자면 손 모양이 방형인지, 철학형인지, 손가락 모양은 어떤 모양인지 주선(생명선, 두뇌선, 감정선, 운명선, 결혼선, 재물선) 등 어느 정도 선의 모양이 타고나는데 이것이 타고난 명이다. 명은 타고나서 부여받은 것을 말한다.

살아가면서 내가 어떤 생각, 마음, 행동, 처세, 그리고 주변의 환경이나 영양 상태 등에 따라 손의 손금과 손 모양에 영향을 미친다. 그리고 내 마음에 따라 타고난 손금에서 감정선의 모양과 생명선의 모양, 두뇌선의 길이가 달라지며 운명선도 없던 사람이 새로 생기거나 하는 변화가 생긴다. 이것이 손금의 변화를 유도하는 운이다.

리처드 와이즈먼의 『괴짜 심리학』 저서를 보면 1000여 명을 대상으로 운 좋은 사람과 운 나쁜 사람을 실험한 내용이 있다. 신문 한 장을 받은 실험 참가자들이 대충 신문을 훑어본 뒤 사진이 몇 개나 실렸는지 말하는 실험이었다.

그 실험에서 저자는 신문 안에 몰래 행운을 심어두었다. 즉 신문의 반면에 걸쳐 커다란 활자로 "이 광고를 보았다고 실험자에게 말하면 100파운드의 상금을 받을 수 있습니다."라고 써놓았다. 운 나쁜 사람들은 사진 숫자가 몇 개인지 숫자를 세느라고 너무 몰두한 나머지 행운을 알아채지 못하는 경우가 많았다. 반면 운 좋은 사람들은 훨씬 더 느긋해서 이 커다란 광고를 알아보았다.

이 실험은 운 좋은 사람들이 따로 있는 게 아니라 예기치 않은 기회를 최대한 활용하여 행운을 만들어낸다는 사실을 보여준 실험이었다. 위 실험과 같이 행운을 발견하는 사람들은 일할 때 시각을 넓히고 긍정적으로 여유롭게 바라보는 특징이 있었다. 이들은 자연스럽게 행운으로 가득한 운명을 만들어가는 사람들이다.

작년 봄에 학교 배움터 지킴이 일을 하면서 학부모님 K 씨를 알게 되었다. K 씨의 이미지는 말도 느리며 자신감도 없어 보였고 에너지가 전반적으로 약해 보였다. K 씨도 아르바이트 일을 하고 싶은데 마땅한 일자리가 없다고 하소연했다.

얼마 후 학교에서 코로나가 심해 방역 도우미를 뽑는 공고가 올라왔고 K 씨도 신청했는데 합격했다고 너무 좋아했다. 결혼 후 가정주부로 계속 지내다 보니 아이 하나 학교 보내면 본인은 집안일 말고 할 일이 없어 그때부터 마음도 공허해진다고 한다. 월급 받는 신랑한테 돈 받아 쓰는 것 같아 괜히 눈치 보였는데, 본인이 돈도 벌고 일을 할 수 있다고 너무 좋아했다. 일을 시작하고 초소에 들러 잠깐 수다도 떨고 가곤 했는데, 일에 지쳐 힘들어했다.

4시간짜리 일이었지만 담당자가 까다로워 눈치보는 것도 신경 쓰이고 일이 몸 쓰는 일이고 쉬는 시간도 잘 못 쉬고 일하고 나면 몸이 쑤셔 한의원 가서 물리치료 받다 말다 반복하며 지낸다고 하였다.

난 K 씨의 손금이 궁금해 손금과 사주를 물어보았다. K 씨의 손을 보니 왼손은 거진 생명선이 있는 듯 없는 듯 흐렸고 오른손 역시 생명선이 처음엔 잘 시작하다가 끝부분이 희미해졌다. 양쪽 두뇌선 역시 짧은 두뇌선에 덧으로 생긴 선으로 살짝 이어진 듯했고 감정선도 사슬형이었다. 전반적으로 에너지가 약해 보이는 손금이었다.

일도 그렇지만 우선 체력 향상이 우선인 것처럼 보였다.

"K 씨, 일도 중요한데 지금 일만 신경 쓰지 말고 우선 체력 단련이 우선인 것 같아요. 달리기를 하든 걷기를 해도 땀이 날 정도로 운동을 해서 체력에 힘이 붙어야 해요. 대충 운동해서는 안 돼요. 만약 이 상태로 간다면 나중에 어떤 일을 하고 싶어도 몸이 안 받쳐줘서 그 일을 오래 못할 거예요."

"언니…. 맞아요. 조금만 일하면 너무 피곤해서 그날은 그냥 뻗어 있어요. 일 끝나면 운동장을 뛰든 운동을 해야겠네요. 고마워요."

그렇게 두 달을 학교에서 일했고 K 씨는 더는 연장 안 하고 그만두었다. 간혹 카톡으로 연락만 주고받았는데 어느 날 학습지 선생님으로 취업했다고 연락이 왔다. 오전 10시에 나가서 밤 9시까지 일을 한다고 했다. 그 손금에 일을 잘할 수 있을까 내심 걱정이 되었다. 그렇게 6개월이 지난 후 버스정류장에서 오랜만에 K 씨를 만났다. 출근하는 중인데 이제 학습지 교사도 그만두려고 준비 중이라며 나중에 그만두면 놀러 갈 때 연락 한다고 헤어졌다. K 씨의 손금 에너지가 약한데 온종일 학습지 교사 일을 했던 것도 용하고 그만둔다고 하니 K 씨의 손금을 다시 보고 싶은 생각이 들었다. K 씨에게 연락해서 손 사진을 핸드폰으로 보내줄 수 있냐고 물었더니 흔쾌히 보내준다고 해서 보내주었다.

그동안 학습지 교사를 6개월 이상 다니면서 스트레스를 너무 많이 받아 살이 7kg이나 쪘고 다른 일 알아보려고 잠깐 쉬는 중이라고 했다. 손금 사진을 받아 보았는데 작년에 봤었던 이미지랑 무언가 다른 이미지였다. 처음엔 살이 7kg이나 쪄서 손 모양이 살짝 바뀌어 보여서 그런가 했다. 1년 전에 찍은 두 사진을 비교해보니 손금이 확연하게 달라져 있었다.

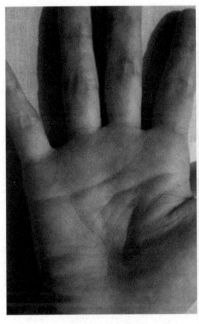 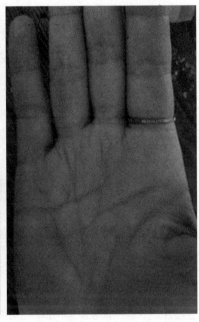

[1년 전에 찍은 사진]   [1년 후 찍은 사진]

감정선 위로 태양선이 V자 모양으로 확실히 선을 잡아 진해졌고 운명선 역시 작년에는 흐릿하고 지저분했었는데 선이 확고하게 생긴 것이다.

환경과 마음에 따라 손금이 확실히 변한 것이다. K 씨의 경우 6개월 회사 생활이 본인에게는 큰 스트레스로 다가왔지만, 손금 처지에서 본다면 오히려 좋게 적용된 사례이다. 단지 K 씨가 생명선이 너무 힘이 없고 부실해서 본인이 그 상황을 못 견딘 것이다. 같은 일이더라도 남들은 3-4에 받는 스트레스가 K 씨의 경우는 8-9로 느껴지니 일이 더욱더 힘들게 느낄 만했다.

K 씨의 사례처럼 체력이 약하면 받아들인 스트레스를 진짜 나를 해치는 스트레스로 인정하며 몸도 마음도 그렇게 받아들일 수밖에 없었을 것이다. 현실만 봐서는 학습지 일이 나를 죽일 것 같은 스트레스를 준 상황이었지만 손금의 세계로 본다면 운이 더 좋아진 것이다. 감정선 위로 태양선과 재운선이 나오는 것은 말년을 볼 때도 많이 참고하는 선이다.

어떻게 보면 K 씨에겐 6개월의 학습지 일의 경험이 본인에게 행운을 만들어준 환경이었다. 단지 본인은 그 6개월의 기억이 인생 최대의 스트레스 상황이고 기억하고 싶지 않은 기억으로 남은 듯하다.

손금은 나의 인생을 그대로 반영해주는 운명이다. 운명은 변한다. 만들기 나름이다. 내가 주인공이 되어 변하게 만들 수 있는 것이다. 손금을 어떤 방향으로 흐르게 할지 길을 터주는 것이다. 사람이 살면서 부딪치고 만나는 경험들은 그만한 값어치가 있기 때문이다. 손금이 당신에게 말한다.

"당신이 살면서 겪는 여러 경험에 대해 당신 스스로가 어떻게 바라보

고 결정짓는가에 따라 행운의 경험이 될지 최악의 경험이 될지는 당신이

만드는 거예요. 그에 따라 당신 손금과 운명이 달라집니다."

세상에
나쁜 손금은 없다

오전 일 마치고 퇴근하는데 뻥튀기 아저씨가 나왔길래 내가 좋아하는 옥수수 강냉이를 샀다.

새벽에 비가 오다 그쳐서 그런지 무르익은 아침 햇살이 너무 화창했다. "날씨가 너무 좋아요" 했더니 거스름돈을 거슬러 주면서 뻥튀기 아저씨 하시는 말씀이 "어휴 난 이렇게 화창한 날씨는 이상하게 싫네요. 흐린 날씨가 좋더라고요" 하셨다.

아저씨의 말을 들으니 나도 은근 세상을 이분법적으로 생각하는 경우가 아닌가 생각했다.

"비가 오면 축축하니 싫다!"

"이건 이래서 좋다. 저건 저래서 싫다!"

"내 말을 잘 듣는 아이가 착하다!"

"내 말을 듣지 않는 아이가 밉다!"

세상은 그 이상도 그 이하도 아닌데 나 혼자 분별한다. 내 기준으로 세상을 바라보니 선과 악, 좋다 싫다, 이쁘다 밉다로 세상을 나눠서 본다.

손금을 처음 공부할 때가 생각난다. 손금 책을 보면 좋은 선은 이렇고 나쁘고 안 좋은 선은 이렇다고 설명이 나온다. 손에 비애선, 장애선이 생기면 안 좋다. 운명선이 휘어지거나 흐릿해지면 안 좋다. 생명선이 휘감지 못하면 안 좋다. 등등

내 손을 가만히 찬찬히 바라보니 내 손에 안 좋은 선만 눈에 띈다. 결국, 내 손엔 좋지 않은 선들과 모양만 왜 이리 많은 거야 불평을 한다. 내 손은 나쁜 손이구나 결정한다.

손금은 사람의 운명을 보는 철학 공부이다. 철학 공부를 좋다 안 좋다로 본다면 우물 안 개구리 입장밖에 안 된다. 시야가 좁아진다. 지구가 자전해서 밤과 낮이 생기고 공전을 해서 사계절이 생긴다. 봄, 여름, 가을, 겨울 나쁜 계절이 있는가? 밤과 낮이 나쁜 것인가?

상담을 해보면 사람들 질문도 이분법적인 질문이 많다.

"내년에 돈복과 재운이 좋아요? 나빠요?"
"내가 지금 사업을 확장하려고 하는 데 좋아요? 나빠요?"
"내 손금과 사주는 어때요? 좋아요? 나빠요?"

물론 사업 운을 물어보거나 내가 지금 하는 일에 대해 옳은 방향으로 가는지 풀이할 때 손금을 참고하면 많은 도움이 된다. 손금 풀이를 할 때 좋다 나쁘다로 해석하는 게 아니라 이 손금이 나온 메시지가 무엇인지를 아는 게 더 중요하다.

내 손금을 보면 생명선 초기 부분에 장애선이 제1화성구로 많이 내려가 있다.

생명선 초기선 역시 사슬 모양으로 되어 있다. 그리고 잡다한 선들이 많이 나 있는 손이다. 생각이 많고 생각 따라 이끌려 다니는 나의 모습들이 손에 고스란히 나온 듯하다.

그리고 결혼 생활 이후 뜻하지 않은 일들에 대해 내내 받은 스트레스를 온전히 받으며 생긴 선들 같았다. 하지만 본질에서 따지자면 외부적으로 받은 스트레스도 있지만, 그보다 내가 나를 향해 스트레스를 더 준 상황으로 만들어진 손금선이다.

불교 말씀 『잡아 함경』에 보면 '두 번째 화살'에 대한 이야기가 나온다.

"연이어 화살을 맞지 마라. 어리석은 사람은 두 번째 화살을 맞는다고 하고, 지혜로운 사람은 두 번째 화살을 맞지 않는다고 한다."

첫 번째 화살은 주변으로부터 고통을 당할 때를 말한다. 남편 때문에, 부모님 때문에, 회사 동료 때문에, 심지어 내가 몸 아플 때도 왜 나만 아파야 하냐고 짜증을 내고 억울해한다.

여기서 처음으로 받는 고통을 첫 번째 화살이라 표현한다. 첫 번째 화살을 맞았을 때 일반 중생들은 연이어 두 번째, 세 번째 화살을 나 자신을 향해 내가 나한테 쏜다.

주변에 나를 힘들게 하는 사람들을 원망하고 욕하고 복수까지 한다는 생각이 일어난다. 두고두고 안 좋았던 기억을 소여물 씹듯이 되새기며 그때의 감정을 생생하게 느끼며 과거의 일을 다시 나 혼자 생방송 한다. 이런 행동이 바로 두 번째, 세 번째 화살을 말한다.

나도 그랬다. 예전에 힘들었을 때 밤에 자다가 문득 새벽에 눈 뜨면 애들 아빠에 대한 원망과 함께 나한테 했던 행동들이 생각나고 그럼 나도 모르게 감정까지 이입되면서 눈물까지 흐르고 속상해한다. 내가 나한테 두 번째 화살을 쏘아댄 것이었다. 그러니 나의 손금에 소위 안 좋은 선들이 나타난 것이다. 사실 삶이 괴로운 이유는 바로 두 번째 화살 때문이다. 이 두 번째 화살로 인해 손금이 좋은 손금에서 일명 나쁜 손금으로 변한다고 해도 과언이 아니다. 첫 번째 화살을 맞더라도 거기에 주관적인 내 생각과 망상, 더 나아가 자기 자책까지 하면서 보태지 마라.

백범 김구 선생님의 운명을 바꿔줄 관상 이야기가 있다. 김구 선생님은 조선 시대 말 우리나라 마지막 과거 시험에 17세의 나이로 응시하게 되었다. 하지만 이때의 관료들은 썩을 대로 썩어서 고위직 자녀로 뇌물을 먹이거나 아니면 뒷돈을 듬뿍 준 자녀가 이미 과거시험에 합격 되어 있다는 불합리한 시험인 것을 깨닫고 실망한다.

과거 시험에 대한 미련을 벗고 아버지의 권유로 관상쟁이가 되기 위해 관상학을 공부하게 되었다. '마의상서'를 열심히 공부하던 그는 관상학을 배우며 자신의 얼굴을 살펴보았다.
하지만 부귀한 상은 전혀 없고 오히려 얼굴에 흉상만 가득하고 거지 팔자처럼 가난한 상을 타고났음에 본인의 얼굴에 실망한다. 그리고 최악의 얼굴을 가진 자신에게 원통해하며 모든 것을 포기하려고 했다. 하지만 『마의상서』 한 구절에 깨달음을 얻고 마음을 다잡는다.

"상호불여신호 얼굴의 좋음이 건강의 좋음만 못하고
신호불여심호 건강 좋음이 마음 착한 것만 못하다.
관상불여심상 관상이 아무리 좋아도 마음 씀씀이보다 못하다."

"이것을 보고 나는 상 좋은 사람보다 마음 좋은 사람이 되어야겠다고 결심했다. 이제부터 밖을 가꾸는 외적 수양에는 무관심하고 마음을 닦는 내적 수양에 힘써 사람 구실을 하겠다고 마음먹었다."

— 『백범일지』 중에서

백범 선생님은 이 글귀를 평생 마음에 담았다고 하는데 관상보다 제일 위에 있는 것이 심상, 즉 마음가짐의 중요함을 또 한 번 강조해주는 글이다.

손금 역시 나쁜 손금은 없다. 이제부터는 손금을 볼 때 '좋다, 나쁘다'로 보지 말자.

손금은 나에게 있는 그대로 전달 해주려는 메시지 역할을 할 뿐이다. 나의 손을 펴고 손금을 보자.

손금에 안 좋은 선들과 모양들이 보이는가? 그럼 손금 탓을 할 때가 아니라 내가 내 마음을 돌봐줄 때이다 'Love Myself(러브 마이셀프)' 진정한 자기 사랑이 필요할 때이다. 그동안 힘든 상황에 버텨준 나에게, 꿋꿋이 지금도 잘살아가려는 나에게 내가 나에게 사랑을 보내주자. 그리고 나 스스로 나 자신을 위로해주고 토닥여주자. 내 이름을 넣어 나 자신에게 말해보자.

"○○야, 그동안 많이 힘들었지? 애썼어. 상처받은 너를 돌봐주지 못해 미안해. 그리고 늘 내 편으로 남아줘서 고마워. 사랑해…."

나 자신을 위한 오늘의 위로가 당신을 치유하고 손금을 위로할 것이다.

03

천상천하 유아독존 :
세상에 단 하나뿐인 내 손금

손금에 처음 관심이 있었을 때 어디서 배워야 할지 막막했던 적이 있었다. 손금에 대해 깊게 배우고 싶었는데 알려주는 곳도 드물고 찾는 것도 만만치 않았다. 찾다 찾다 서울 근처에서 가르쳐주신다는 선생님이 계셨지만, 아이 셋 키우며 전주에서 서울 근처까지 가는 건 엄두도 못 냈었다.

그래서 책이라도 보고 공부하자는 마음에 서점에 나온 손금 책을 눈에 띄는 대로 구매한 적이 있었다. 하지만 손금 책을 사고 읽을 때마다 정말 갈피를 더욱더 못 잡았다.

책 내용의 반 이상이 내 손금과 비슷하기만 했지 같은 선의 그림과 내용은 찾아도 없는 책도 많았다. 내 손금과 비교해서 비슷한 선을 그린 그림과 일치 하지도 않을뿐더러 자칫하면 잘못 해석하는 우려도 있어 보였다.

그리고 어떤 책은 '사색형의 남성과 결혼하려면 가난을 각오해야 한다.' 등 무슨 옛날 호랑이 담배 피우던 시절 내용처럼 풀이한 책들도 너무 많았다.

어떤 책들은 내용이 너무 난해해서 손금을 공부하는데 많이 헤맸던 기억이 난다. 요즘도 손금 책을 보면 황당한 책들이 많이 있어서 잘 선택해서 볼 줄 아는 안목이 필요함을 절실히 느낀다.

인상학을 공부했을 때도 세상에 같은 얼굴은 없다고 한다. 손금 역시 세상 같은 손금은 하나도 없다. 당신의 손은 세상 당신만이 가지고 있는 유일한 손이다.

그렇게 따지면 값으로 매길 수 없는 귀한 손인 셈이다. 손금 학문이 배울 때는 쉽게 배웠다가 배우면 배울수록 어렵다는 말이 나오는 이유가 바로 같은 손금이 없기 때문이다. 같은 손금이 없으니 당연히 손금을 해석할 때도 손의 모양과 구 그리고 선의 모양을 종합해 봐서 해석해야 한다.

다음은 손금을 볼 때 조금 더 주의해야 할 상황들에 대해 적어본다.

손바닥 구의 여러 가지 변수

첫째, 화성구를 침범하는 선을 볼 때

하나, 손의 여러 가지 구의 모양 중 화성구가 있다. 화성구의 큰 특징은 공격적 성향, 강인함, 돌진하는 성격이 모여 있다. 제1화성구와 제2화성구로 나뉘는데 제1화성구는 여러 가지 좋지 않은 기운들이 모여 있는 곳이라 선들이 이곳을 향해 내려가는 것을 꺼린다. 한마디로 호랑이가 잠자고 있는데 선들이 가서 자꾸 건드리는 셈이다. 건들면 잠든 호랑이가 깨어날 것이고 쑥대밭이 된다. 이때 주의할 사항은 건드리는 선들이 많아서 무조건 안 좋다고 풀이할 게 아니라 이 선들에게 강력하게 에너지를 줄 수 있는 선들이 연결되는지를 봐야 한다. 즉 감정선에서 내려오는 사선 각도의 선이나 비애선 혹은 성공구에서 제1화성구로 내려오는 사선의 선들을 잘 봐야 한다. 이 선들이 오히려 위험한 선이다.

둘, 화성구 언덕 비교. 누구는 운세에 좋은 영향이고 누구는 운세에 안 좋은 영향일까? 손바닥을 볼 때 손금만 볼 게 아니라 올록볼록 손금의 언덕을 봐야 한다. 이때 흉란이 숨어 있는 화성구가 유일하게 튀어 오른 사람이 있다.

화성구가 튀어나와도 운세에 좋은 영향을 주는 손

- 전체적으로 수형과 손금의 모양이 길상인가를 먼저 보자. (길상인

손금은 손가락과 손 모양이 조화를 이루고 손금의 언덕과 잘 발달하고 손금의 기본 3대선이 잘 잡은 손을 말한다.) 길상인 손이라면 화성구의 흉한 기운이 튀어나온 게, 어둠에 빛을 비추듯 흉한 기운들이 다 드러낸 격이니 오히려 긍정의 해석을 해줘도 된다.

– 성공구의 언덕과 월구 금성구가 잘 발달되었는지도 주의 깊게 봐야 한다. 성공구의 언덕이 잘 발달되었다면 전체적으로 조화를 이루기 때문에 화성구의 언덕이 오히려 좋게 해석한다.

화성구가 튀어나오면 운세에 나쁜 영향을 주는 손

손의 언덕이 전체적으로 밋밋하고 손의 모양이 수렴형이며 3대 손금선(생명선, 두뇌선, 감정선)도 뚜렷하게 자리를 못 잡은 손에 화성구 언덕만 올라와 있다면 문제가 된다. 이는 오히려 농촌 마을에 어울리지도 않은 큰 빌딩이 우뚝 솟은 격이다. 문제는 그 빌딩에 깡패들이 사니 나쁜 흉한 에너지를 가진 깡패들의 영향이 농촌 마을에 영향을 주는 셈이다. 이럴 때 마음의 처세가 중요하다.

화성구 영향으로 자꾸 큰 사업을 벌이고 싶고 투자하고 싶은 생각이 들겠지만 살면서 욕심의 마음을 내려놓고 현실에 감사하며 사는 마음가짐이 정말 중요하다.

셋, 월구가 빵빵하면 대각선인 목성구도 빵빵한지 함께 봐라. 월구는 상상력, 창조력, 정신적 뇌의 상태를 나타낸다. 그리고 목성구를 도와주는 곳이다. 목성구는 명예욕, 권력욕, 성공 욕구가 있으며 생각을 실천하게 만드는 곳인데 월구만 구가 형성되고 목성구가 빈약하다면 생각만 많고 실천력이 부족한 사람이 된다.

손금의 깊이

우리 얼굴에도 자연을 빗대어 표현한 오악 사독이 있다. 산처럼 튀어오른 곳을 오악이라고 말하는데 다섯 개의 산 이마, 코, 턱, 좌우 관골을 말한다. 사독은 얼굴의 깊은 곳 네 군데를 말하는데 물 흐르는 것에 비유한 것이다. 관상에서는 솟아오를 곳은 솟아오르고 들어가야 할 곳은 들어가야 좋은 관상으로 본다.

손금도 마찬가지다. 언덕을 나타내는 산이 있으면 골짜기가 있어야 하고 물이 흐르는 깊이를 나타내는 게 손금의 선이다. 같은 모양이더라도 깊이와 선의 힘이 굉장히 중요하다. 강이 깊으면 손금도 깊게 나타나고 강이 깊지 못하거나 탁하고 얕은 강이면 손금 역시 선의 모양이 흐리고 퍼지게 나타난다. 이때 남자는 강의 깊이가 깊으면 사회적으로 큰일을 하고 깊은 만큼 마음이 크고 깊은 강에 많은 물고기가 살 듯이 많은 사람을 거느리며 산다.

하지만 여자의 경우 깊은 손금을 가지면 깊은 강물의 의미처럼 그만큼 책임져야 할 상황이 많고 사회에서 일복이 많아진다. 이번 인생에 할 일이 많다는 뜻이 내포되어 있다.

균형과 조화

손을 볼 때 중지를 기준으로 좌우의 균형과 손가락과 손바닥의 균형을 잘 봐야 한다. 중지 기준으로 엄지, 검지, 금성구는 튼실한데, 월구는 힘 빠진 풍선처럼 쭈글거리고 소지, 약지 손가락 모양이 힘이 없어 보이는 손도 있다. 이러면 아무리 손금이 좋더라도 운이 삭감된다.

손의 촉촉함과 건조함을 확인해라

건조한 손의 특징

봄에 날씨가 건조하면 숨쉬기도 팍팍하다. 그래서 가습기도 틀어야 하고 집에 빨래를 널어 건조함을 막아야 한다. 인생에 일이 많다. 힘든 일들이 많다. 건조한 만큼 내가 촉촉함을 유지해야 하니 손이 많이 간다. 그래서 직업도 몸을 쓰는 곳이나 땀을 흘리는 일을 찾아야 한다.

촉촉함이 과한 손

촉촉함이 과해도 몸에 긴장을 많이 하고 사는 사람들이다. 작은 일에 신경 쓰고 걱정을 만들며 살아가는 사람들의 손에는 땀이 늘 나 있다. 그러니 마음이 무엇을 해도 불안하다.

손은 건조해도 너무 촉촉해도 안 되고 적당해야 한다.

세상에 같은 손금은 없다. 이 세상 유일한 손이 당신 손이다. 귀한 손인 만큼 당신이 평상시 관심을 두고 손과 친해지자. 그리고 손금을 볼 때 위에 적은 사항을 항상 유념하며 손 전체를 보며 해석을 해보자. 손금의 고수로 갈 수 있는 추월 차선의 방법이다.

04

아리스토텔레스가 수상학 논문을
쓴 원조라고?

2020년 지난 추석 연휴 대한민국을 후끈하게 달군 노래가 있었다. MZ 세대부터 나이 드신 어르신까지 인기 있었던 이 노래는 바로 나훈아의 〈테스 형!〉이었다. 나도 모르게 흥얼거리고 지금도 좋아하는 곡인데 노래가 좋아서 좋아한 이유도 있었지만, 무엇보다 손금을 사람들에게 봐줄 때 많은 도움을 받은 노래였다.

대부분 사람이 손금 하면 동네 나이 드신 할아버지가 돋보기 들고 재미로 봐주는 것 아니면 "손금은 미신 아니에요?"라고 말하는 사람들이 아직도 많은 건 사실이다.

내가 초등학교에서 어린이 교통 안전 봉사를 하며 있었던 일이었다. 시니어 교통 봉사 하시는 분 중에 나이에 비해 젊어 보이고 활기차게 사시는 어르신이 계셨다. 그분의 손금이 궁금해서 손금 한번 봐도 되냐고 여쭤보았더니 그분 하시는 말씀이 "손금? 미신인데 뭐 볼 게 있나? 그래도 뭐 한번 봐줘 봐" 하시는 거였다. 미신인 마음 상태에서 손금을 봐줘서 듣는 것과 손금은 학문이고 오래된 역사가 담긴 믿을만한 학문인 마음에서 손금 풀이를 듣는 것은 정말 하늘과 땅 차이다. 나도 손금이 미신이 아님을 강조하고 싶어서 말했다.

"어르신 손금은 미신이 아니라 아리스토텔레스라고 고대 그리스의 철학자가 연구하고 논문까지 쓴 학문이에요."
"뭐? 그 사람이 뭐여….".

'아리스토텔레스는 고대 그리스의 철학자예요. 플라톤의 제자이고 알렉산더 대왕의 스승입니다. 물리학, 시, 생물학, 논리학, 철학, 윤리학 등에 관한 책을 저술하신 분이며 수상학뿐만 아니라 상학까지 연구하신 분입니다.'라고 설명하기엔 너무 길고 어르신이 알기엔 너무 복잡해 보였다. 그때 나훈아의 〈테스 형!〉 노래가 생각났다.

"나훈아 씨의 테스 형 있잖아요…. '아~ 테스 형 소크라테스형~' 이분이 고대 그리스 철학자인데요, 아리스토텔레스라고 손금에 대해 논문까지 쓰신 분의 스승의 스승님이세요. 큰 스승님들의 영향을 받고 아리스토텔레스가 연구한 손금이 얼마나 역사가 깊고 심오한 학문인데요~"

"아…. 그 노래? 거그가 그 스승의 스승이었어? 손금이 역사가 있구먼…."

미신이 아닌 학문으로 받아들인 어르신의 손금을 보니 나이가 드셨음에도 불구하고 선도 힘이 있고 금성구가 통통하니 젊은 사람 못지않아 보이는 것이 에너지의 원천이 나올만한 이유가 있었다는 것을 알 수 있었다.

나훈아 씨의 〈테스 형!〉 신곡이 뜨자 이름이 비슷하다는 이유로 얼떨결에 '나훈아 테마주'로 지목받아, 온종일 주식 시장의 관심을 끈 회사가 있다. 반도체 업체인 '테스'와 '테스나'다. 실제 주가도 올랐다고 한다. 원님 덕에 나팔 분다고 〈테스 형!〉 노래가 히트하니 비슷하다는 이름 하나로 주가도 오르고 나도 덩달아 이분이 손금 논문을 쓴 아리스토텔레스의 스승의 스승님이라고 강조하며 손금이 미신이 아닌 깊은 학문이라는 것을 사람들에게 조금 더 쉽게 인식시켜줄 수 있었다.

손금(수상학)은 4,000년 전 인도에서 시작하여 서양과 동양에 두루 퍼지게 된다. 손금학의 의미 있는 시작은 대수학자인 피타고라스가 인도를 여행하며 손금 관련 학문에 심취하여 제자들에게 지도했다고 전해진다. 그뿐만 아니라 의학의 아버지인 히포크라테스도 당시 환자의 손금을 보고 병을 진단했다고 한다.

아리스토텔레스가 정의한 손금은 "손은 모든 기관 중에서 가장 중요하며 타고난 감화력과 개성에 의하여 손금이 생긴다"라고 기록하고 있다.

로마 시대에는 시저가 수상술에 능통해서 한눈에 사람의 신분을 알아볼 수 있었고 가짜 왕자를 수상술로 판별했다고 전해진다. 그 후 중세 로마 교회에 교리와 수상술이 충돌하면서 심한 박해를 받아 점을 보는 집시들에 의해 근근이 명맥을 이어가다 19~20세기에 프랑스와 영국 등에서 수상학의 형태를 갖추게 되었다.

전 세계에서 가장 많이 팔리는 책인 성경책에서도 손금에 관한 구절이 나온다. 구약성서 욥기 37장 7절에도 "그(하나님)가 모든 사람의 손에 표(손금)를 쥐어 주시사 모든 사람이 그가 지으신 것을 알게 하려 하심이라"라고 아주 심오한 구절이 기록돼 있다.

성경 구절에 손금 관련 내용이 나온 부분에 대해 나의 경험담이 생각난다. 손금을 배우면서 주위 아는 분들 손금을 연습 삼아 봐줄 때의 일이다.

코로나로 인해 초등학교에서 아이들 발열 체크를 위해 일하러 들어오신 50대 중반의 아줌마가 계셨다. 나는 학교 배움터 지킴이 봉사로 초소에서 있는데 오가며 인사하고 조금씩 친해졌다. 그분의 손금이 궁금해서 어느 날 조금 한가해 하실 때 가서 제가 손금을 공부 중인데 무료로 손금 좀 봐 드려도 되냐고 했다. 그러면 대부분 사람은 무료로 봐준다면 봐달라고 오히려 적극적인데 그분은 오히려 머뭇머뭇하셨다. 난 의외의 반응에 '괜히 손금 봐준다고 했나'라는 생각에 무안도 하고 왜 머뭇거리는지 궁금해서 물어봤다.

"손금보는 것 별로 안 좋아하시나 봐요?"

"응⋯. 보리 씨, 내가 ○○ 교회 권사거든. 그런데 난 교회를 다녀서 손금 같은 점은 안 봐요."

순간 황당했다. 손금을 점이라고 생각하시는 생각도 황당했지만, 더 황당한 건 손금은 종교와 정말 상관없는데 그분은 교회 다니고 예수님을 믿고 하나님을 섬기니 점은 보면 안 되는 고정관념을 가지고 계신 분이었다. 난 잠시 황당함을 감추고 이렇게 말씀드렸다.

"어머, 권사님이셨네요⋯. 그런데 손금이 성경 말씀에도 나온다는 거 아셨어요?"

"아니, 손금이 성경에 나온다고요? 어디요?"

놀란 표정을 지으시며 되물으셨다. 그래서 구약성서 욥기 37장 7절에 나오며 하나님은 우리의 손에 표를 쥐여주셨고 그게 손금이라고 집에 가서서 성경책 한번 찾아보라고 일러준 적이 있었다. 그분은 성경책에 손금이 나온다는 말에 바로 마음이 바뀌어 봐달라고 하셔서 봐준 적이 있다. 손금은 점이고 교회 다니는 사람은 보면 안 되는 잘못된 관념이 오히려 손금은 하나님의 말씀이 담긴 성경책에 있는 하나의 말씀이 되는 손금에 대해 올바르게 관념이 바뀐 순간이었다. 손금을 보며 말해주는 나의 말에 귀를 쫑긋 세우며 듣는 그분의 모습이 보였다.

그분은 손을 펴라고 할 때 엄지손가락이 뒤로 젖혀짐이 심하니 매사에 사사로운 것에 흔들림이 심하고 심경이 굳건치 못해 마음이 많이 약하고 상대에게 휘둘리기 쉬운 성격이었다. 감정선이 중지와 약지로 들어가는 곡선형 감정선일걸 보아 장남, 장녀, 맏며느리처럼 이상보다는 현실적인 것을 중요시하며 주변 사람들과 잘 어울리려고 하며 조화로운 관계를 위해 노력하는 사람의 특징이 보인다고 말해주었다. 그러자 이분은 어찌 그리 잘 맞냐며 안 그래도 주변에서 성격 좋다는 얘기는 많이 듣는데 본인 자신이 줏대가 없고 마음이 약해 살면서 인간관계에서 상처도 받고 손해 본 적도 많았다고 하셨다. 그러면서 손금에 대해 너무 신기해하셨다.

생명선 하단 부위를 보니 가는 선들이 폭포 떨어지듯 보이고 약간 흐트러짐이 보이고 전체 손바닥 색깔이 약간 얼룩덜룩한 모습들이 보였다.

몸도 쉬어주고 몸 안의 독소를 풀어주는 해독이 필요할 때 이런 상황들이 보인다. 이럴 땐 단식을 하는 것도 좋지만 현대 생활에서 바쁘게 지내다 보면 단식하기가 힘드니 간헐적 단식을 이용하는 것도 좋은 방법이다. 만약 이 상황들을 모르고 시간이 지나고 세월이 가고 그 생활 습관대로 갔다면 이분은 아마 몇 년 안 돼서 몸에 이상 신호가 오는 건 당연했다. 그래서 그분께 식단 관리, 인스턴트 음식 등은 피하고 운동 등 건강 관리에 조금 더 신경을 써주는 게 좋겠다고 말해주니 안 그래도 요즘 몸이 피곤을 많이 느낀다고 건강 관리에 신경 써야겠다며 고마워하셨다.

손금에 대해 이렇게 잘못된 관념으로 잘못 알아 '사람의 손에 표(손금)를 쥐어 주시사 모든 사람이 그가 지으신 것을 알게 하려 하심이라.'라고 말씀하신 하나님의 손에 대한 혜택을 못 보는 경우가 너무 많다. 부정적으로 보고 미신 또는 점 또는 재미로 보는 거라고 손금을 무시 아닌 무시하시는 분들이 많은데 손금은 정말 감탄할 정도로 심오한 학문이라는 점을 꼭 알려주고 싶다.

손금을 상담하시는 분들도 손금학의 역사를 같이 알아야 한다. 왜냐하면, 손금의 뿌리와 역사도 모르고 손금만 해석하고 분석해주니 자칫 점이라는 이미지와 연관되는 듯하다. 손금의 역사를 손금 보면서 사람들에게 알려주면 듣는 이도 손금에 대한 신뢰가 있고 상담하시는 분도 손금풀이에 있어 역사 깊은 손금에 대해 풀이한다는 자긍심이 들어간다.

관상학은 얼굴을 분석하고 더 나아가 몸 모양까지 분석하는 학문으로 원광디지털대의 얼굴 경영학으로 자리 잡고 있어 학문으로 인정받고 있는데 수상학에 관한 생각은 아직 사람들 인식이 많이 바뀌지 않은 상황이다.

얼굴 경영학을 공부하면서 느낀 거지만 관상학만큼 수상학도 꽤 심도 있고, 공부한다고 파고들수록 어려운 학문임은 틀림없다. 그래도 그나마 기쁜 소식은 최근 우리나라에서도 손금 관련 연구한 논문들이 많이 나오고 있다. 앞으로 사람들이 수상학에 대해 더 많은 관심을 끌게 될 것이다. 나는 사람들의 손금을 봐주면서 나름대로 자부심을 가지고 있다.

아마 수상학에 대한 나의 애정이 담겨 있기 때문이 아닌가 생각한다.

05

손은 외부에 나타난 또 하나의 두뇌이다
- 칸트-

뇌와 손은 어떤 관계일까? 아침에 눈을 뜨자마자 우리 몸 중 분주하게 움직이는 곳이 손이다. 손을 움직이거나 손을 통하여 물건을 만지거나 할 때 뇌도 반드시 같이 움직이고 있다. 손은 뇌가 명령을 내리면 행동하는 운동 기관뿐 아니라 뇌에 많은 정보를 제공하는 감각기관이다.

캐나다의 신경외과 의사인 와일더 펜필드가 어느 날 간질환자를 수술할 때의 일이다. 간질 환자가 의식이 있는 동안 전기 자극으로 뇌를 자극하면서 이들의 반응을 관찰했었다. 펜필드가 알아낸 것이 인간의 대뇌와 신체의 각 부위 간의 관계이다. 대뇌피질에서 손, 눈, 입 주위를 담당하

는 부위가 넓었으며 대뇌피질의 감각 분포도에 따라 인체를 구성한 그림
이 펜필드의 호모쿨루스이다. 뇌와 가장 많이 감각신경이 연결된 부위가
손인 것을 알 수 있다.

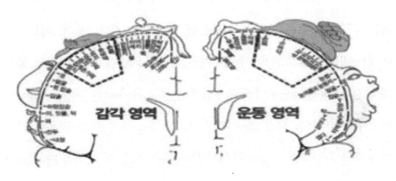

[출처 : https://sinnara.tistory.com/79]

그럼 대뇌 피질이 무엇인지 뇌의 구조와 기능에 대해 간단히 알아보
자.

우리 뇌는 기능을 중심으로 크게 세 개의 층으로 나눌 수 있다. 뇌간,
대뇌변연계, 대뇌 피질로 나누어지지만 서로 네트워크로 연결되어 처리
한다.

뇌간

우리의 생명을 유지하는 호흡과 소화, 순환계 및 생식 등 가장 기본적
인 생명 기능을 담당하는 곳이다. 요즘 유행하는 NLP(최면)와 무의식의

영역과 관련된 곳이다. 간혹 네이버 기사를 보면 이해 불가한 기사가 올라오는데, 아이가 승용차에 깔려 엄마가 그 무거운 차를 순간적으로 들어 올려 아이를 구했다는 말도 안 되며 놀라운 기사가 있다.

성경 말씀에서도 물에 빠진 베드로 이야기가 나온다 "주여, 주님이시거든 나를 명하사 물 위로 오라 하소서." 예수가 말했다. "오라" 베드로는 배에서 내려 물 위로 걸어서 예수께로 가다가 바람을 보고 무서워 물속에 빠진다. 빠진 베드로에게 예수님께서는 "믿음이 작은 자여 왜 의심하였느냐?"(마태복음 14장 25~33절) 우리가 순수하게 100% 믿음을 가지면 누구나 초인적인 능력과 무의식을 다룰 수 있다. 이 영역을 다루는 신비적인 뇌의 부위가 바로 뇌간 부위이다. 무의식이 변화하면 운명과 손금도 자연스레 변화한다.

대뇌변연계

뇌간의 윗부분을 감싸고 있는 대뇌변연계는 진화 단계로 포유류에 해당하며 다양한 감정 반응과 운동 신경을 관리한다. 생존을 위해 두려움이라는 감정을 관리하는 뇌의 부위이다.

스트레스 호르몬 '코르티솔'을 조절하는 해마가 있으며, 아픈 기억, 공포의 학습 및 기억에 관여한 편도체가 있다. 좌뇌와 우뇌를 연결해주는 뇌량이 있으며 감정이입 및 공감에 관여하는 대상회가 있다. 평상시 감정과 스트레스 관리 및 불필요한 에너지를 관리하고 싶다면 대뇌변연계를 다스려야 한다. 대뇌변연계를 잘 활용하는 방법은 '잘 놀고 잘 웃기'이다. 잘 놀고 잘 웃기로 내 손금의 감정선 모양도 웃는 모양으로 만들어보자.

대뇌 피질

인간 고유의 두뇌 활동이 이루어지는 곳이다. 신의를 지키고 자신을 성찰하기도 하고 창조한다. 언어 사용과 밀접한 관련이 있는 부분이다. 우리가 메타 인지로 나를 객관적으로 바라보고 자신을 돌아보게 만드는 부분이다.

전두엽, 두정엽, 후두엽, 측두엽, 뇌섬엽에 해당한다.

| 전두엽 |

총사령부로 판단, 집행 뇌 중의 뇌를 말한다.

| 두정엽 |

눈이 보는 것에 대한 시각 정보 처리와 공간을 담당하며 몸의 감각을 담당한다.

| 후두엽 |

눈으로 보는 것을 처리한다.

| 측두엽 |

귀로 듣는 것을 처리하며 균형 감각, 언어, 얼굴을 인지하는 부위도 있다.

| 뇌섬엽 |

기억, 미각 정보를 처리한다. 최신 뇌 과학에서는 '풍요롭고 행복한 삶을 위한 비밀'이 숨어 있는 부위가 뇌섬엽 부위라는 게 밝혀졌다.

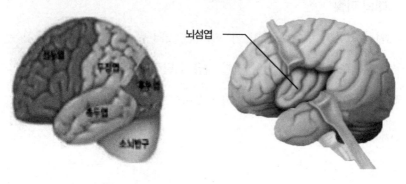

[출처 : gumohill.tistory.com/brainmedia.co.kr]

내 손금의 두뇌선과 전체적인 손금의 모양을 살펴보며 나 자신을 살펴보자.

뇌 가소성

예전에는 뇌가 젊은 시절에만 신경 회로가 만들어지는 줄 알았다. 사람이 나이를 먹고 늙으면 뇌세포도 늙고 다시는 생성되지 않는다는 이론이었다. 하지만 최신 '뇌 가소성'이 나오면서 나이를 먹고 늙어도 뇌를 어떻게 활용하느냐에 따라 뇌의 신경섬유가 성장하고 새로운 시냅스가 형성되며, 일부 뉴런이 새롭게 만들어진다는 연구 결과가 나왔다.

| 뇌 가소성 |

뇌의 신경망들이 외부의 자극이나, 개인적인 학습, 다양한 경험을 통해 구조적, 기능적으로 변화하고 재조직화한다는 과학적 이론이다.

| 시냅스 |

뉴런과 뉴런 사이의 미세한 틈이 있는데 이곳에서 신경 전달 물질을 통해 주고받은 뉴런끼리 정보 처리를 한다.

| 뉴런 |

뇌가 작용하는 기본은 뉴런이라는 신경 세포이다. 뇌에는 140억 개의 뉴런이 있으며 정보를 주고받으면서 뇌 안에 네트워크를 형성한다.

뇌 가소성의 예를 들어보자.

팔과 다리가 절단된 환자들이 없는 팔이 아프다고 호소하는 '환상통'이 있다. 이는 외부적으로는 느낄 팔이 없어도 뇌는 해당하는 팔의 감각이 남아 있어 진짜 팔의 아픔을 겪는 불일치 현상을 말한다. 환상통을 통해 뇌는 성인이 되어도 신경 연결이 가능하다는 가능성을 포함한다.

태어나면서 시각의 기능을 잃은 사람이 점자를 읽을 때 뇌의 시각을 담당하는 부위가 활성화된다거나, 보지 못한 시각의 기능 대신 청각의 기능이 더 예민해지고 높아져서 청각을 활용해 시각 장애인이 자전거를 타는 사례도 있다. 입안의 혀를 입천장에 부딪혀 '딱딱' 소리를 이용해 앞에 물건이 있으면 소리의 반사 느낌이 다름을 인지하여 피하면서 자전거를 아주 잘 타는 외국인의 사례도 있다.

영국의 런던 택시기사들의 뇌의 사례도 뇌 가소성에 해당한다. 영국의 런던은 길이 좁고 복잡한데 런던 택시 운전면허를 취득하려면 런던의 거의 모든 거리를 익히고 시험을 통과해야 자격을 얻을 수 있다고 한다. 그 때문에 런던의 택시기사들이 운전하며 복잡한 도로를 기억하고 길의 공간 감각을 익혀갈 때, 학습과 기억, 특히 공간 기억을 담당하는 해마 영역이 기능을 활발히 했을 것이다. 이로 인해 다른 통제 집단보다 런던 택시기사들의 해마가 커졌다고 한다. 해마를 잘 쓰면서 뇌가 조직적으로 변화가 일어난 것 같다.

이렇듯 우리가 적극적으로 일상생활에서 어떤 부분을 잘 활용하느냐에 따라 우리는 우리의 뇌를 변화할 수 있다. 즉 새로운 뉴런 신경 세포의 길을 뇌에 새로 만들어주는 것이다.

뇌 가소성은 평상시 어떻게 생각하고 어떤 행동을 하는지에 따라 뇌의 뉴런 세포가 뇌에 자리를 각각 잡는다는 이론이다. 긍정의 언어를 쓰고 나를 성장하는 습관을 지니며 희망적인 생각을 자주 하는 뇌세포는 당연히 뉴런 세포가 발전하는 뇌세포로 만들어진다. 반면에 부정의 언어를 자주 쓰거나, 나를 해하는 습관을 하면서 생활한다면 나의 뉴런 뇌세포 역시 그렇게 나의 뇌에 자리를 잡을 수 있다는 이론이다.

당신은 당신 뇌의 주인이다. 뇌는 정보를 먹고 산다. 오늘 당신의 뇌에 어떤 정보의 먹이를 주고 살고 있는지 한 번쯤 살펴보자. 당신의 뇌의 상태가 곧 당신의 손 상태임을 명심하자.

06

손금이 만들어지는
뇌의 비밀

W.존스(영국)의 『손으로 본 해부학』에 의하면 엄마 뱃속에서 태아가 자란 지 18주가 되면 손금 가운데 감정선, 두뇌선, 생명선이 나타난다고 한다.

수정 후 13주 이상이 되면서 아이의 지문이 형성된다. 두뇌선과 생명선이 떨어진 독립두뇌선과 원숭이 손금이라 불리는 막쥔금 손금은 이미 엄마 뱃속에서 정해져서 태어나는 것이다. 이렇게 생성된 손금은 9살까지 자라온 환경, 부모의 양육 태도, 음식 등의 영향을 받으며 계속해서 형성된다.

그 뒤로는 내가 어떻게 노력하느냐 어떤 생각과 감정으로 삶을 살아가느냐에 따라 일부분의 선들이 짧은 시간 혹은 긴 시간에 걸쳐 변한다. 주요 3대선인 생명선, 두뇌선, 감정선은 긴 시간에 걸쳐 선들이 변하지만, 운명선, 태양선, 건강선 등은 단기간에 변한다.

그럼 이미 엄마 뱃속에서 정해져 태어나는 독립두뇌선과 막쥔금 손금은 무엇인가?

독립두뇌선은 말 그대로 생명선과 두뇌선이 출발선에서 따로 떨어져 출발한 선을 독립두뇌선이라고 한다. 독립두뇌선의 특징을 보면 '승부욕이 강하고 지길 싫어하며 남들에게 구속당하는 것을 싫어한다. 여자의 경우 자기주장이 강해 결혼에 불리하다.'라고 알고 있는데 이는 하나만 알고 둘은 모르게 풀이한 해석이다.

독립두뇌선을 해석할 때 주의할 점

– 손금을 보기 전에 이 사람 손 모양이 발산형인지, 수렴형인지 확인한다. 발산형에 독립두뇌선을 가지면 독립두뇌선의 성향이 강해진다.

– 손을 내밀라고 할 때 손가락을 활짝 펴고 내미는 사람인지, 다섯 손가락을 붙여서 내미는 사람인지에 따라 다르다. 손가락을 활짝 편다면 성향이 활발하고 드러내기 좋아하고, 숨김없는 사람이지만 손가락을 붙여서 내미는 사람은 심리적으로 위축되고 내성적이며 드러내기 싫어하는 심리가 숨어 있다.

독립두뇌선을 풀이할 때 고려할 점

　- 독립두뇌선의 길이를 봐야 한다. 두뇌선의 방향이 월구로 향하는 사람의 성향은 오히려 독립두뇌선을 가졌어도 손에서 반대의 작용이 나오므로 우유부단함의 성격이 나오거나 살아가면서 마음이 이러지도 저러지도 못하는 불편함을 겪을 수 있다.

　- 독립두뇌선을 가졌지만 성공구의 금성대가 많은 사람 역시 살아가면서 마음이 대립되는 과정을 겪는다.

막쥔손금의 특징

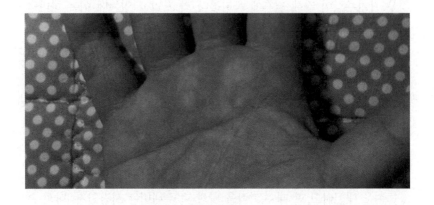

　- 두뇌선과 감정선이 서로 합해진 선을 말하며 눈으로 봤을 때 손 중앙을 가로지르는 선을 한다.

　- 막쥔금이 아주 선명하고 잔 선, 장애선 없이 깨끗하다면 사회적으로 성공한 사람들도 많고 자기만의 매력이 있다.

- 양손 모두 막쥔손금이라면 완벽주위에 꼼꼼하지만 주위 사람들을 힘들게 하는 스타일이다. 그리고 사람을 잘 못 믿는 사람이라 본인이 일 해야 안정되는 특성이 있다.

- 한쪽 손만 막쥔손금이라면 승부욕, 성취욕이 넘쳐난다. 특징은 명예와 사회적 성공, 한가지 일에 대한 집중력이 뛰어나지만 자기중심적인 성향이 강하고 타인과 공감 능력이 떨어지고 조화롭게 어울리는 점이 부족한 단점도 있다.

두뇌선이 살짝 보인 막쥔손금은 열정, 열의, 집착이 완전 막쥔금손에 비해 반 정도로 줄여진 상황으로 나오고, 감정선이 살짝 보인 막쥔금은 평상시 보이는 모습과 행동하는 모습이 다르며 은근 자존심이 세다.

살아가면서 본인의 처세와 마음 수양이 꼭 필요한 손금이다.

막쥔금 손금과 독립두뇌선처럼 이미 엄마 뱃속에서 정해져 나오는 경우의 손금이 있듯이 우리 손의 손가락 역시 태내에서 운명처럼 길이가 정해져 나온다. 『핑거북 나를 말하는 손가락』의 존.T. 매닝은 손가락을 통하여 연구한 학자이다. 존 매닝은 말한다. 약지와 검지의 길이 차이는 우리 뇌에 나오는 호르몬의 영향을 받은 탓이다. 엄마 배 속에 있을 때 네 번째 손가락인 약지는 남성호르몬인 테스토스테론이, 두 번째 손가락인 검지는 에스트로겐인 여성호르몬의 영향을 받아서 손가락의 길이가 다르게 태어나고 태어난 이후에도 크게 바뀌지 않은 채 살아간다.

남자는 여자들에 비해 대체로 약지가 검지보다 크다. 이는 테스토스테론의 호르몬의 영향을 받는 약지가 길수록 스포츠에서 이기려는 승부욕도 강하고 남성형이 강하고 검지가 약지보다 큰 경우 여성성의 느낌을 더 많이 받는다. 유명한 카사노바의 손가락은 네 번째 약지가 티가 날 정도로 길었다고 한다. 태내에 태아가 6주 무렵 남성 혹은 여성으로 발육되기 시작하는데 현재 손가락의 길이와 모양이 정해지는 것도 태내에 있을 때 약 13주면 테스토스테론 혹은 에스트로겐의 영향을 받아 지금 당신이 보는 손가락 모양이 거의 만들어진다.

손금을 볼 때 손가락의 모양과 길이를 같이 봐야 할 중요한 이유가 여기에 있다.

그럼 이미 태내에서는 테스토스테론이라는 남성호르몬과 에스트로겐의 여성호르몬의 영향을 받아 손이 어느 정도 모양을 갖추었다면 살아가면서는 어떤 호르몬이 나의 손에 영향을 주는 걸까? 뇌 과학에서 바라보는 신경전달물질과 호르몬에 대해 알아보자.

베타 엔도르핀

우리가 흔히 알고 있는 엔도르핀은 스트레스나 고통에 빠질 때 통증을 낮추기 위해 나온 호르몬이고, 웃으면 나오는 엔도르핀이 바로 베타 엔도르핀이다. 몸속에서 생성되는 치료제로 웃을 때 나오는 성분이다. 몸

안의 염증을 치료해주고, 면역력을 증강 시켜주며 심장 질환을 예방해준다. 스트레스를 해소해주며 우리 몸의 천연 치료제이다.

베타 엔도르핀이 나오게 하려면

첫째, 운동하자. 5배 이상의 베타 엔도르핀이 나온다.

둘째, 긍정적인 생각을 하자. 베타 엔도르핀은 정신적 스트레스를 해소해준다.

셋째, 하하하…. 웃어보자. 웃을 일이 없다고? 그럼 내가 상황을 만들어 보자.

방법은 억지로라도 한바탕 크게 웃어보자.

웃으면 광대뼈가 자극을 받고 광대뼈 위의 피와 신경이 뇌하수체를 자극해 엔도르핀을 분비시킨다. 엔도르핀이 나오면 내 몸이 좋아지듯 손금이 좋아지는 것은 두말하면 잔소리다.

세로토닌

편안할 때 나오는 행복 호르몬으로 신경세포(뉴런) 간에 신호를 전달하는 신경 전달 물질로, 우리 몸 자체적으로 나온다. 뇌에서 나오는 물질은 5% 정도이고, 세로토닌은 장에서 95%가 나온다. 행복해지려면 장 건강을 챙겨주면 된다. 우울증, 불안 해소 등 기분 조절에 관여하며, 골밀도 및 수면에 관여한다. 기억 및 학습 능력에도 관여해서 학생들에게도 꼭 필요하다.

세로토닌이 나오게 하려면

첫째, 햇볕을 적당히 쬐자.

둘째, 감사한 생각을 할 때 수시로 생성되는 치료제이다.

셋째, 아랫배 장을 가볍게 주먹 쥐어 두드리거나 엄마 손은 약손처럼 내 배를 양손을 포개어 장을 쓸어주자. 아랫배만 가볍게 두드리고 쓸어 주는 것만으로도 기분이 좋아진다.

마음이 편하고 행복해야 삶의 질이 높아진다. 감정선이 입꼬리가 내려 간 듯 처진 사람일수록 세로토닌이 나오는 생활 방식으로 변화하려 노력 해야겠다.

다이돌핀

엔도르핀의 4,000배 효과를 가진 최고의 호르몬이다.

다이돌핀이 나오게 하려면

첫째, 일상생활에서 감동할 때 나온다.

둘째, 내가 좋아하는 노래를 듣고 순간 감동하거나, 아름다운 자연을 볼 때 순간 가슴의 울림을 받을 때 다이돌핀 호르몬이 나온다.

셋째, 성취감, 기쁨으로 내 마음과 가슴이 충만했을 때 나온다.

우리 뇌에는 5가지의 뇌파가 있는데 흔히들 낮에 많이 나오는 뇌파가 베타파이다. 뇌파 중 알파파가 많이 나오는 사람들의 뇌가 건강하다고 하는데 알파파는 주로 명상을 하거나 연인과의 열렬한 사랑을 할 때 그리고 긍정적인 마음에 충만할 때 알파파가 나온다.

알파파가 나올 때 우리 몸에 좋은 호르몬이 나오고 면역력 또한 강해진다. 하루 중 잠깐잠깐 하늘을 보고 작은 휴식을 가지며 감동하거나 좋은 음악을 들으며 잠깐이라도 힐링해보자. 내 몸이 건강해질 뿐만 아니라 행운의 손금으로 변화시키는데 상당한 도움을 받을 것이다. 손과 뇌는 떼려야 뗄 수 없는 관계이다. 여러분들도 뇌를 잘 활용하여 손금과 더불어 행운을 잡을 수 있는 사람이 되자.

07

손금이 만들어지는 마음과
처세의 비밀

마음이란 무엇일까? 눈에 보이지는 않지만, 보이지도 않는 마음에 관한 표현이 많다. 마음이 아프다. 마음이 예쁘다. 마음이 곱다 등등. 마음은 우리가 살아가는데 꽤 중요한 비중을 차지하고 있다. 원불교 창시자인 소태산 대종사님은 마음에 대해 다음과 같이 말씀하셨다.

"한마음이 선하면 모든 선이 이에 따라 일어나고, 한마음이 악하면 모든 악이 이에 따라 일어나나니, 그러므로 마음은 모든 선악의 근본이니라(요훈품3장)"

한 제자 여쭙기를 "극락과 지옥이 어느 곳에 있나이까?" 대종사 말씀
하시기를

"네 마음이 죄복과 고락을 초월한 자리에 그쳐 있으면 그 자리가 곧 극
락이요, 죄복과 고락에 사로잡혀 있으면 그 자리가 곧 지옥이니라(변의
품10장)"

마음을 정의하면 참 나의 주인공으로서 근원적으로 모든 선악과 죄와
복 고락의 바탕이며 사물을 분석하고 이해하는 사고의 주체이고, 희로애
락 등의 감정이 일어나고 조절하는 감정 기능의 주체이며 전체를 통달하
는 주체이다. 손에서도 보이지 않는 마음의 상태를 가장 잘 나타내는 곳
이 있다. 바로 감정선과 성공구 부분에 나온 금성대와 심적 방황선이다.
물론 손의 전반적인 형태와 흐름을 봐야 하지만 마음을 손금으로 볼 수
있게 만든 곳이다.

예전에 사회복지사 자격증을 취득하기 위해 실습을 했을 때의 일이다.
내가 실습을 했던 곳은 푸드마켓이었다. 이곳은 대형할인점이나 지역에
서 먹거리나 물건을 나눔 해주면 경제적으로 어려움을 겪으신 분들에게
한 달에 한 번씩 포인트 제도로 필요한 물건이나 식품을 가져갈 수 있게
해준 곳이다.

실습생들이 하는 일은 나눔 해준 음식이나 먹거리 물건 등이 일주일에

한 번 이상은 들어오는데 이때 1톤짜리 차 안에 반 이상을 가득 찬 물건들이 박스로 많이 온다. 그럼 그 많은 박스 물건을 차에서 내린다. 물건들의 유통기한을 일일이 확인해서 창고에 넣을 박스를 구분하고 매장에 진열하고 정리한다. 작업하고 중간중간 이용객들이 오면 안내해주고 이들이 물건을 잘 구매했는지 점검하는 일을 한다.

보통 실습생들이 3~4명이 같이 있는데 이것도 실습생 시간에 따라 나가고 들어오는 과정이 있어 정해진 건 아니다. 내가 실습을 3주 하는 동안 같이 실습했던 실습생 2명이 나가고 3명이 새로 들어왔다. 그중 20대 젊은 남자분 L 씨가 있었다. L 씨의 이미지는 마르고 늘씬하며 얼굴형은 곱게 생긴 한마디로 요즘 TV에 나오는 아이돌 이미지였다. 주변 사람들한테 인사도 잘하고 실습생 아주머니들과 이야기도 잘하고 싹싹하니 성격은 좋아 보였다.

그런데 L 씨의 대화 내용을 듣다 보면 엄마에 관한 이야기가 자주 나왔다. 엄마의 권유로 사회복지사를 배웠고 실습까지 오게 되었으며 지금 사귀는 여자 친구가 학교 선생님인데 엄마도 여자 친구를 좋아한다는 등등. 이야기의 반 이상이 엄마라는 단어를 많이 쓰고 엄마에 의해 좌지우지하는 마마보이 느낌이었다. 그리고 옷을 사러 갈 때도 본인은 엄마랑 자주 다닌다고 하는 거였다. 다 큰 성인 남자가 엄마랑 옷을 사러 간다니!! 물론 같이 갈 수도 있지만, 주위에서 그리 흔한 일이 아니어서 내심

놀랐다.

그리고 시간이 지나면서 L 씨의 뺀질거리는 행동이 자주 보였다. 물건이 많이 들어오는 날에는 같이 트럭에서 물건 박스 내리고 정리해야 하는데 L 씨는 어디 가서 한참 있다가 오는 경우도 종종 있었고 그나마 물건 정리를 하고 난 후에는 혼자 다 옮긴 사람처럼 생색을 냈었다. 그리고 젊은 사람이 박스 나르고 정리하는 일을 하는 날에는 피곤하다는 소리를 많이 했다. 그렇게 같이 실습 생활을 하면서 같이 일하시는 분들 손금도 보게 되었고 L 씨의 손금도 같이 보게 되었다.

전체 손 모양은 손바닥이 길고 손가락이 길었으며, 얇은 손이었다. 감정선은 원만한 곡선형이라 사람들과 이야기 잘하고 싹싹한 느낌의 성격이지만 감정선 위에 금성대가 두개가 있었고 무엇을 받치는듯한 모양인데 가운데가 뚫린 모양의 이획금성대였다. 그리고 자세히 보면 성공구 주변에 금성대들이 아주 희미하게 몇 가닥이 더 생기려고 준비 중으로 보였다.

금성대가 차라리 이쁘게 반원 모양으로 되어 있었으면 예능이나 세련미 유행을 잘 볼 수 있는 안목이 있는 선으로도 해석하지만 깊게는 사람이 마땅히 해야 할 도리에 관한 선이다. 남자 손에 반원 모양의 금성대가 있다면 어질고 예의 바르다. 여자 손에 있다면 약간의 손해를 보고 살더라도 도리를 지키고 살아가라는 인생으로 태어난 것이다. L 씨의 금성대는

"주인님은 이번 생애에 다른 사람들에 많은 덕과 은혜를 베풀며 사셔야 합니다."

라고 알려주는 금성대이다. 이 금성대가 있으면 살아가는데 전체적인 운이 흘러내린다. 어차피 운이 흘러내릴 바에 남들에게 도움을 주는 행위로 쓴다면 나도 좋고 남도 좋지 않을까? 하지만 L 씨의 행동은 평상시 빼질이처럼 행동하는 것이 습관이 되어서 행동을 고치기가 쉽지 않을 텐데 만약 이대로 산다면 앞으로 인생이 팍팍하지 않을까 싶다.

이미 보이는 이획금성대선 말고 희미하게 잘 보일 듯 말 듯 한 금성대들이 보였다. 본인 성격과 행동을 바꾸지 않는다면 아마 이 선도 진해질 듯싶다. 다중 금성대가 되면 감정 관리와 운의 성공에 불리하다. 생각이 많아지니 감정 기복도 심하고 성공구에 나오는 태양선과 재물선 운명선을 자르는 역할을 하니 그리 좋은 선은 아니다.

손금을 보다 보면 금성대와 헷갈리는 심적방황선이 있다. 심적방황선은 시작점이 주로 수성구에서 시작하는 선인데, 심적방황선이 있으면 사람이 고지식 하다못해 답답하다. 성공구에 가로로 생기는 선이니 아무래도 반갑지 않은 선이다. 심적방황선이 있는 분들은 매사에 본인 맘에 안 들고 만족이 안 되더라도 조금씩 놓아주는 마음 습관을 지녀야겠다. '세상에 완벽한 게 어디 있겠는가!'라는 마음가짐으로 꺼리를 만들지 말자.

그리고 내 생각만 있는 게 아니라 세상의 다양성도 있다는 것을 인정해 주려는 마음가짐이 중요하다.

우리 얼굴에서도 평상시 내 감정과 마음 상태가 긍정적으로 살았는지 부정적으로 살았는지 보여주는 부분이 있다. 지금 바로 거울 앞에 가서 나의 입을 보자. 무심코 쳐다봤을 때 내 입꼬리가 살짝 위로 올라가 있는지 아니면 입꼬리가 내려와 있는지를 확인해보자.

입술 모양을 배에 비유하자면 관상학에서는 입꼬리 모양이 배 모양을 닮은 입술을 최고의 입 모양으로 친다. 입꼬리가 올라가 있으면 사교성이 좋고 재물복과 운을 담을 수 있는 모양이라 말년 운이 좋다고 풀이를 한다. 반대로 배가 뒤집힌 모양인 입꼬리가 내려가 있다면 평상시 자기 삶에 찌들고 생각도 부정적인 생각을 많이 한 사람들이 입꼬리가 내려간 사람들이 많다.

손금의 감정선도 마찬가지다. 내가 평상시 마음에 상처 없이 긍정적인 생각과 더 나아가려는 희망으로 산 사람들의 감정선은 입꼬리가 올라간 모양처럼 손가락을 향해 올라간 감정선의 모양을 하고 있다. 스마일 하는 표정의 감정선이다. 하지만 내가 평상시 부정적인 생각과 세상 모든 번뇌와 시련을 혼자 다 껴안고 사는 사람들의 감정선은 입 모양이 쳐진 것처럼 아래로 쳐진 모양으로 변해간다. 못난이 삼 형제 인형 중 화나고 우는 인형 입술 표정처럼 말이다. 내 마음의 모양을 그대로 담고 있는 게 바로 감정선인 것이다. 당신의 감정선 모양은 어떤가? 지금부터 앞으로의 인생이 복과 은혜로 가득 찬 인생으로 살고 싶다면 내 감정선의 상태를 확인하면서 마음 점검이 필요하겠다.

08

손금으로 운의 시기와
가능성을 봐라

이 글을 쓰는 지금 입춘이 지난 지 얼마 안 된 것 같은데 벌써 2월의 중순이 지나가고 있다. 하지만 '입춘에 장독 깨진다.'라는 속담이 있듯이 올해는 유난히 눈도 많이 오고 겨울 추위보다 더 매서운 듯하다.

엊그제 임실에 있는 국사봉을 가게 되었다. 계단을 올라가야 국사봉 전망대를 갈 수 있는데 눈이 녹지 않은 계단들이 얼어 있을 정도로 2월 추위를 체감할 수 있었다. 한참 계단을 올라 거의 전망대에 다다를 때 너무 숨도 차고 힘들어 잠시 쉬었다. 쉬는 동안 눈을 옆으로 돌렸더니 나뭇가지들이 내 눈에 보였다. 계단을 오르니 내 위치가 나무의 꼭대기 가지를 바로 옆에서 볼 수 있는 위치였다. 그 나뭇가지를 본 순간 너무 놀라웠다.

그 추위를 견디며 나무 끝 봉오리에 작은 봉오리들이 봄을 맞을 준비를 하고 있었다. 마치 가느다란 마술 지팡이 끝에 매단 봉들에서 언제 반짝이 가루가 터질지 모를 듯이 나무 끝이 부풀어 어울려져 있는 모습이었다. 아무리 추워도 때맞춰 준비를 하는 나무를 보니 하물며 사람도 자연의 일부로 음양오행과 우주 원리에 따라 내 운명의 시기와 때를 알고 미리미리 준비하며 살아야 함을 느끼게 하는 순간이었다.

사람이 살면서 운의 시기와 가능성을 보고 살아간다면 훨씬 더 윤택한 삶을 살지 않을까 생각해본다. 나무도 때를 알아 그 시기에 나올 준비를 하듯 사람도 살아가면서 그 사람의 시기와 때가 중요하다. 그 사람의 시기와 때를 보는 게 운명을 보는 것이고 그것이 바로 손금을 보는 이유이다. 운이 아무리 내 주변에 널려 있어도 내가 잡지 못하면 아무 의미가 없다. 내 운명이 어느 계절에 와있고 그 계절에 맞는 옷을 입어야 잘 생활하듯이 여름이 온 운명에 겨울 외투 입고 장갑 끼며 살아간다면 인생도 힘들고 어찌 보면 미련하고 철을 모르는 철부지와 다를 게 없다.

'철부지'에 대해 잠깐 알아보자. 우리나라의 계절을 보면 사시사철 봄, 여름, 가을, 겨울의 네 계절이 있는데 이때 각각의 계절의 변화를 가르치는 순우리말이 바로 '철'이다. 철부지란 '철' 즉 계절의 변화를 모르고 지혜가 없이 행동하는 사람을 말한다. 봄에 씨 뿌리고 여름에는 가꾸고 가을에는 수확해야 하는데 때에 맞지 않게 행동하는 사람을 철부지라 한다.

운의 시기와 가능성을 이야기 하다 보니 먼 친척분 K 씨의 일이 생각난다. 몇 년 전 K 씨를 만난 적이 있었는데 내가 손금 공부와 사주 공부를 한다고 하니 K 씨도 봐달라고 해서 손금을 본 적이 있었다. 그분이 장사를 한동네에서 꽤 오랫동안 하다가 최근에는 힘도 들고 쉬고 싶어서 잠깐 1~2년 보험 영업만 하고 있다고 했다. 쉬다 보니 다시 장사하고 싶은 생각도 들어서 작은 가게 하나 얻어 장사를 다시 시작해보려고 한다며 어떻겠냐고 봐달라고 한 것이었다.

주로 장사나 사업을 물어보면 손의 감정선 윗부분인 성공구 부분과 그 사업을 지킬 수 있는지 생명선을 같이 본다. 나이대를 볼 때도 감정선 윗부분을 50대 초부터라고 본다. K 씨의 경우 그 당시 50대 후반의 나이였다. 성공구 부분에 세 개의 재물선, 태양선, 운명선의 모습이 있는지를 확인해야 한다. 그의 모습이 마치 세 개의 나무 기둥이 나의 손가락을 받들고 있는 형상을 말한다. 아니면 태양선과 운명선이 서로 마주 보듯 나무 두 그루가 서 있듯이 두 선이 있어도 사업에 유리하다.

하지만 K 씨의 손의 경우 감정선 윗부분의 성공구 부분에 있는 재운선이 작은 선들이 찍찍 내리그어진 모습이었고, 비애선들도 많았고 운명선이 아래쪽은 잘 가다가, 성공구 부분에 오더니 끝이 흐지부지한 모습으로 흩어진 모습을 하고 있었다. 표현하자면 재운선 부분은 가랑비가 주룩주룩 내리고 그 옆쪽 운명선 동네는 마치 빗물이 옆으로 튀는 듯한 지저분한 모습으로 성공구가 되어 있었다. 그리고 생명선의 모양을 보니 하단이 잘 감싸지를 못하고 가닥가닥 작은 선들로 흐트러져 있었다. 건강 조심도 우선시해 보였다.

[지저분한 성공구 부위와 불안정한 생명선 하단부위]

"아무래도 가게는 조금 더 있다가 차리면 좋을 것 같아요. 지금은 시기도 그렇고 모든 게 안 맞아 보이니 조금 더 기다렸다가 언니가 준비되면

차려봐요." 했더니

"그래? 작은 가게인데 뭐 큰 타격이 있을까? 번화가에 있는 가게가 아니라 보증금도 별로 안 비싸고 월세도 저렴한데…. 동네 장사니까 몇 년 전 동네 단골 대상으로 하면 될 것 같아서…. 엊그제 임시 계약하고 왔거든. 가게 얻고 내가 보험 영업하는 일이랑 같이 해보려고 했는데…. 그래도 괜찮지 않을까?" 하는 거였다.

이미 K 씨는 가게까지 다 알아보고 본인이 결정까지 다 하고 재미 삼아 운을 보는 처지로 나에게 물어본 상황 같았다. 가게까지 다 알아보고 이미 임시 계약까지 한 상황인 데다 가게 하려고 마음먹은 K 씨한테 내가 극구 말리면서, "안됩니다. 당장 그 가게 해약하시고 쉬었다 하세요." 라고 말을 할 상황도 아니었다.

재미로 본 손금과 사주풀이를 믿을 리도 없고, 그 당시 나도 손금을 배우는 처지라 손금보다는 K 씨 말처럼 동네 장사이니까 단골손님 상대로 할 수도 있고 작은 가게이니까 괜찮겠지 하는 생각이 강했다.

그렇게 4년이 지난 후 친척분인 K 씨의 상황을 듣게 되었다. 가게 개점한 지 얼마 안 돼서 코로나가 와서 시기적으로 힘든 데다가, 가게 월세는 작다고 해도 돈이 안 벌리면 그 돈도 큰 부담이었을 것이다. 엎친 데 덮친 격으로 그 시기에 K 씨 자녀들에게 돈 들어갈 일이 많이 생겨서 돈을 끌어다 쓰고 주위 아는 친척분에게도 몇천만 원 돈을 빌렸다고 한다. 그 사이 코로나는 계속 길어지고 장사는 안되고, 얼마 전 가게도 월세를 못 내 차감돼서 보증금도 거의 못 받고 가게 주인이 나가라고 해서 쫓겨나다시피 했다고 한다. 친척분에게 빌린 돈도 지금 갚지도 못하고 오히려 그 친척분과 사이가 틀어져 연락도 안 하고 지낸다고 한다.

K 씨에 대해 상황을 다 알고 있던 차에 얼마 전 K 씨랑 통화할 일이 있었는데, 가게 그만둔 것도 가게 주인이 가게 쓰려고 해서 본인이 정리하고 나왔다며 거짓말을 하는 것이었다.

그리고 오히려 돈 빌려준 친척분에 대해 그사이 돈 안 갚냐고 본인에게 냉대하게 했던 기억들에 관해 이야기를 하면서 "내가 돈을 못 갚아도 그렇지, 돈 없다고 나 무시하는 건가. 어떻게 나한테 그렇게 할 수 있을까?" 하면서 원망이 가득한 것이 나에게까지 고스란히 전해왔다. 오히려 돈 빌려준 친척이 가게 찾아와서 돈 달라고 해서 스트레스받아 본인이 오히려 화병 걸렸다며 건강도 많이 안 좋아지고 혈압도 너무 높아 약을 먹어도 뒷골이 당긴다며 인생 푸념을 하였다.

K 씨와 전화를 끊고 잠시 생각에 빠져본다.

'4~5년 사이에 이렇게 사람이 바뀔 수가 있을까…. 예전에 책임감 있고 할 도리 잘하며 주위 분들 챙겨주며 열심히 사는 K 씨를 나도 참 좋아했었는데…. 돈이 없어 찌들어 산 환경이 사람을 저리 망가뜨린 것인지 아니면, 본래 그분 마음이 저랬었는데 환경이 저리되니 본성이 나온 것인지….'

한 번 더 생각하게 만든 상황이었다. 살아가면서 우리는 작은 일부터 큰일까지 선택하며 산다. 순간의 선택이 나의 인생에 크게 미치는 일들이 너무 많다. K 씨도 마찬가지다.

'곳간에서 인심 난다.'라는 속담이 있다. 자신이 넉넉해야 다른 사람도 돕고 주위에 마음을 쓸 수 있다. 아무리 성인군자라도 살아가는 삶이 찌든다면 성인군자의 모습이 될 수 없다. K 씨의 사례처럼 사업할 운의 시기가 아닌데, 잘못 선택해서 돈 잃고, 건강 잃고, 사람 잃고, 본인도 망가지는 경우를 가끔 본다. 운의 시기와 때가 정말 중요함을 느낀다.

하지만, 사람은 누구나 살아가면서 순간의 선택을 잘못해서 후회하는 경험이 있다. 사람인지라 잘못된 선택을 하는 경우가 종종 있다는 말이다. 그럴 땐 이미 결정한 것에 대해 후회하지 말고, 나의 내면의 목소리에 귀 기울이고, 나의 손금이 주는 메시지를 잘 파악해서 아닌 길은 빨리 나오자. 어쩌면 100%의 피해를 보기 전에 빨리 빠져나오는 선택도 또 하나의 운의 시기를 버는 방법이다.

3장

돈, 사람, 성공이
따르는 사람들의

7가지 손금의 비밀

- - - - - - - - - - - - - - - - - - -

장수복 :
생명선이 짧으면 단명하나요?

장수복을 볼 때 점검해야 할 선(생명선, 두뇌선, 생명선에 닿지 않은 건강선, 운명선)을 이야기하려고 한다.

손금 상담을 하다 보면 생명선이 의외로 짧은 사람들이 많다. 그런데 생명선이 짧은 사람들을 상담하다 보면 먼저 물어보는 질문들이 있다.

"선생님! 생명선이 짧으면 단명한다고 하던데요. 제가 생명선이 짧거든요. 저도 단명하나요?"

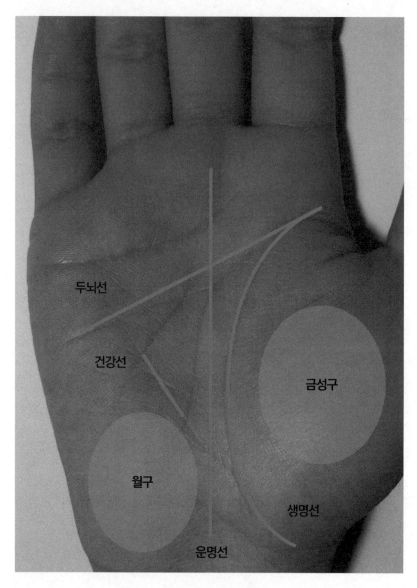

두뇌선

건강선

금성구

월구

생명선

운명선

[장수복을 볼 때 점검해야 할 선]

"단명이라니요…. 아닙니다…. 우리 생명이 생명선 하나로만 결정된다면 손금이 너무 단순한 이치 아닐까요?"

사람들은 생명선의 길이가 짧으면 단명하고 길면 오래 산다고 알고 있다. 하지만 생명선이 전해주는 의미는 정말 다양하다.

생명선이 전하는 의미

생명선을 보고 수명을 이야기한다지만 참고만 할 뿐이다. 즉 생명선의 길이로만 가지고 수명을 따지는 것은 장님이 코끼리 만지는 것과 같다. 손금은 항상 전체를 봐야 한다.

손금의 주요 3대선인 생명선, 두뇌선, 감정선에서 생명선은 손금 풀이를 할 때 늘 함께 풀이하는 중요한 선이다. 건강을 이야기할 때도, 사업을 시작할 때도, 끈기와 인내가 있는지 성격을 말할 때도 생명선은 늘 같이 보고 풀이를 해줘야 한다. 생명선은 손금을 품고 있는 만물의 대지와 같다. 손금은 각자가 다 중요하지만, 생명선은 조금 더 중요 비중을 차지한다.

생명선의 다양한 모양

| 가장 이상적인 생명선 모양 |

손이 금성대를 잘 휘감고 돌아가서 손목 가까이 와야 한다. 선이 힘이 있어야 한다. 끊어짐이 없어야 하고 선의 변형, 선의 색상 변화가 없어야 한다.

| 생명선 하단이 섬 문양도 생기고 선들이 폭포수처럼 떨어지는 선 |

말년 건강 조심을 해야 한다. 만약 금성구에서 가로로 나오는 선들이 함께 눈에 보이고 생명선을 향해 가고 있다면 특히 건강에 신경 써야겠다.

| 생명선 하단이 점점 사라지는 생명선 |

생명선 뿐만 아니라 주요 3대선이 사라진다는 것은 가볍게 볼일이 아니다.

생명선 하단이 사라진다는 것은 운이 흐르는 선이 없어지는 격이다. 무언가 오래된 문제가 쌓여서 심각해지고 있다는 것을 선이 없어지는 것으로 손이 메시지를 보내는 것이다. 지금 나 자신의 생활 점검이 필요하다.

| 생명선이 가다가 끊긴 선 |

생명선을 가로로 반을 나누어 40대를 기준으로 본다. 손가락 쪽은 초년, 손목 쪽은 후반으로 본다. 생명선이 가다가 끊겼다면 그 시기에 큰 변화를 의미한다.

| 생명선의 굵기 |

생명선의 굵기를 볼 때 3대 주요선의 굵기가 일단 같은지를 봐라. 생명선의 뿐만 아니라 감정선, 두뇌선의 길이를 날카로운 연필로 적당한 힘

을 주어 그린 그것처럼 선명하고 샤프만 한 굵기가 가장 이상적이다.

주의해야 할 선은 처음은 연필로 그린 선과 같지만, 중간쯤 선이 퍼지면서 마치 사인펜으로 그린 선이 살짝 물을 만나 퍼진 모양처럼 나온 모양의 생명선이 있다. 생명선 뿐만 아니라 두뇌선, 감정선 모두 선이 퍼지는 선은 좋지 않다. 이는 운세가 떨어진다는 의미이다.

| 생명선은 짧지만, 운명선이 올라간 손 |

생명선이 제1화성구를 못 벗어나고 짧으면 화성구 성격의 영향을 많이 받는다. 제1화성구는 무언가 파괴한다는 의미가 숨어 있다.

생명선은 아래로 향해야 하며 뿌리가 튼튼해야 한다. 생명선이 짧은데 운명선이 붙어 도와준다면 짧아도 괜찮은 생명선이다. 위 사진과 같이 생명선과 운명선이 붙은 손금 유형이라면 조상들을 잘 모시고 기도 음덕을 많이 지어야 한다. 현실에서도 억지로가 아닌 내 마음 내서 집안 어르신들을 잘 모신다는 마음으로 살아야 본인 운에도 플러스가 된다.

| 생명선은 짧은데 부생명선이 길게 있는 경우 |

생명선 안쪽에 부생명선이 길게 생명선을 돕고 있어도 짧은 생명선을 도와주니 괜찮다.

부생명선이 생명선과 점점 멀어지거나 사라지거나 한다면 생명선을 도와주는 호위병이 약해지는 꼴이다.

재물복 :
재물선이 없거나 약하면 돈복도 없나요?

재물복을 체크 할 때 주로 확인해야 할 선(횡재선, 재운선, 생명선, 운명선, 두뇌선, 성공구, 월구, 금성구)에 대해 알아보자.

요즘 사람들의 최대 관심사는 '뭐니 뭐니 해도 머니(money)'가 아닌가 싶다. 손금 상담이나 사주팔자 등 명에 관한 질문 중 돈, 재테크, 재물에 관한 질문은 약방의 감초처럼 꼭 들어간다.

지난번 아는 분의 소개로 H 씨의 손금 상담을 했을 때의 일이다.

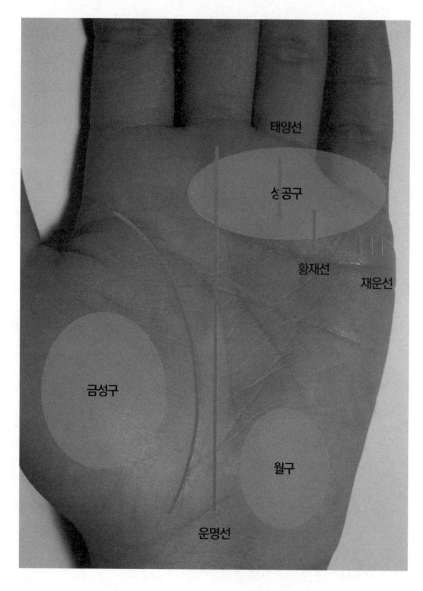

태양선

승공구

황재선

재운선

금성구

월구

운명선

[재물복을 체크 할 때 주로 확인해야 할 선]

"선상님……. 제가 예전에 길을 가다가 손금을 본 적이 있었는데요. 제 손에 횡재선이 있다고 복권을 사면 좋다고 하는 거예요. 그래서 매주 이, 삼만 원 이상씩 로또 복권을 샀거든요. 아마 월 15만 원 이상은 복권 사는 데 쓴 거 같아요. 그래도 횡재선이 있다니까 언젠가 되지 않을까? 기대하고 사는데요 지난번 한번 5만 원에 당첨된 게 다고 계속 꽝만 나오네요. 선생님은 손금도 보지만 같이 사주팔자도 보신다기에 도대체 제 운에 횡재수가 있는 건지 궁금해서요…."

그분의 운과 손금을 보았더니 그분 말씀처럼 그분 손에 횡재선이 있었다. 횡재선은 약지와 소지 사이에 재운선보다 조금 더 힘있게 나온 선을 말한다. 하지만 횡재선이 있다고 로또 복권 등 횡재수를 바라보는 건 시야를 좁게 보는 것이다. 예전에 독학으로 손금 공부했을 때 시중에 나와 있는 책을 읽었던 기억이 있는데, 횡재선을 보고 '도박을 하면 부자가 될 손금'이라고 표현한 책이 있었다. 아마 이런 말도 안 되는 책을 보고 길에서 손금을 봐주신 분도 H 씨께 복권을 사라고 이야기를 해주신 듯하다.

횡재선이 있는 분들은 남들보다 세상의 기회를 포착할 안목과 더 빠르게 잡을 수 있다는 뜻이다. 얼마 전 비트코인으로 돈을 많이 벌어 그 돈으로 가족이 세계 여행을 다닌다는 네이버 뉴스뿐만 아니라, 주변에 비트코인으로 돈을 많이 벌어 외제 차로 바꾸고 다니신 분도 있다. 이런 분들이 횡재선이 있지 않을까 생각이 든다. 남들이 보지 못하고 주저하는 것에 대해 오히려 돈이 될 것 같은 기회와 운을 보는 능력이 있는 사람들 말이다.

횡재선이 있다면 그 옆의 태양선과 운명선을 같이 확인하고 운과 기회를 봐서 투자한다면 큰 기회를 잡을 수 있다. 그 상담 시 난 H 씨에게 말해주었다.

"H 님…. 그동안 15만 원 정도를 복권에 썼다면, 이제부턴 복권은 매주 몇천 원 이내로 편한 마음으로 사세요. 어차피 당첨될 사람은 한 장만 사도 복권은 당첨된답니다. 차라리 15만 원 중 복권 사고 남은 돈은 주변에 어렵게 사시는 이웃들을 위해 쓰시는 게 H 님의 운을 돕는데 훨씬 좋을 것 같습니다….

H 님의 손을 보니 횡재선이 있고 옆에 태양선과 운명선도 괜찮으니 부동산이나, 주식, 아니면 경제에 관련된 분야에 공부하셔서 투자하면 좋을 것 같아요. 남들보다 기회를 잘 잡을 수 있으니 이런 쪽으로 공부를 하시면 오히려 큰 운을 잡을 수 있을 거예요. 지금 사주 운도 그렇고 손금도 괜찮으니 투자에 눈을 돌려 경제 공부 꼭 해보세요."

H 씨는 같은 손금을 봐도 이렇게 상담 내용이 다르냐며 만족해하신 기억이 있다.

각자 손에 나와 있는 재운과 관련된 선들과 구를 한번 알아보자.

횡재선

소지와 약지 사이에 힘있게 있는 선을 말한다. 이 선이 있으면 다른 사람보다 기회를 잡을 확률이 많다. 돈 되는 사업이나 아이템을 빨리 발견한다.

돈 되는 부동산, 경매, 혹은 비트코인 그리고 메타버스나 NFT 등을 남들보다 잘 찾고 수익이 되는 일에 보는 안목이 남들보다 뛰어나다. 횡재수를 만들거나 발견하는 역할이 횡재선이고 나머지 기회를 살리는 것은 태양선과 운명선이다.

횡재선만 있고 태양선 운명선이 없으면. 좋은 기회를 못 살린다. 횡재선에 비애선이 있으면 차라리 안정적인 일을 하는 게 낫다. 비애선이 진하게 나 있다면 결론은 돈을 잃을 수도 있으니 주의해야 한다.

재운선

소지 아래쪽에 여러 개의 선이 나 있는 선을 말한다. 여러 개의 선은 서너 가닥의 선을 말한다. 너무 잡다하게 많거나 봤을 때 무언가 지저분해 보인다면 오히려 사업 투자에 불리하다. 재운선도 재물에 관련된 선이고 시작, 기획 운을 빨리 볼 수 있는 찬스 능력의 선이다. 하지만 직접 돈을 벌어 주는 선은 아니고 좋은 것을 찾는데 능력이 있는 선이다.

천기선

천기선은 얼핏 보면 재운선과 횡재선과 헷갈릴 수 있는데 이 선은 중지와 약지 손가락 사이에서 손바닥 방향으로 내려온 선을 말한다.

이 선이 있으면 마음 복을 짓는데, 신경을 쓰라고 내려오는 선이다. 즉 안 보이는 공부에 관한 철학, 사람들을 살리는 상생에 관련된 직업을 가지면 유리하다.

재물운을 볼 때는 성공구의 선 중에 재물선, 횡재선, 태양선, 운명선을 본다. 새끼손가락 아래쪽이 수성구인데 재물선, 횡재선이 수성구에 나와 있다.

수성구의 특징은 사업적 수단이나 기회 포착, 새로운 아이템 발굴 등에 능력이 있다. 성공구의 선들을 확인하고 생명선과 두뇌선의 상태도 확인해야 한다. 돈은 버는 것도 중요하지만 어떻게 관리하고 쓰는 지가 더 중요하기 때문이다.

감정선 위에 나온 선들은 돈과 인연이 됨을 만들어주며 생명선은 돈을 지켜주는 힘을 말한다. 금성구를 잘 휘감는 모양이라야 안정적인데, 생명선이 폭포 떨어지듯 손목 쪽으로 낙하하는 모양이거나 오히려 월구로 향하는 모양의 생명선은 살아가면서 이상하게 돈이 새어나갈 가능성이 크다.

돈은 모으는 것도 중요하지만 재산 관리에 더욱더 신경을 써야겠다.

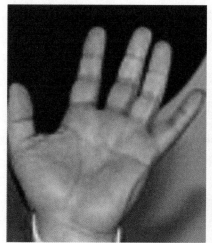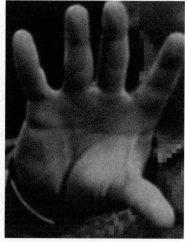

[세계 부자 순위에 들어가는 손금들의 예시]

　이들 손의 공통점은 손가락 마디마디가 볼록하고 손가락 끝이 힘이 있
다. 월구와 금성구에 에너지가 가득하다. 선들이 힘이 있으며 손의 찰색
이 좋고 손의 전체적인 균형이 잘 맞는다.

03

일복 :
운명선이 없거나 약하면 직업이 없나요?

직업 운을 볼 때 주요 점검해야 할 선(운명선, 생명선, 자수 성가선, 전체 손가락 포함 손 모양)이 있다.

손금으로 직업 운을 볼 때는 주로 운명선에 비중을 두고 본다.

요즘은 양성 평등 시대이고 남녀차이를 크게 두지 않는 시대라 여성들도 사회적인 진출을 많이 하고 예전과 비교하면 사회적 분위기도 많이 달라진 시대이다.

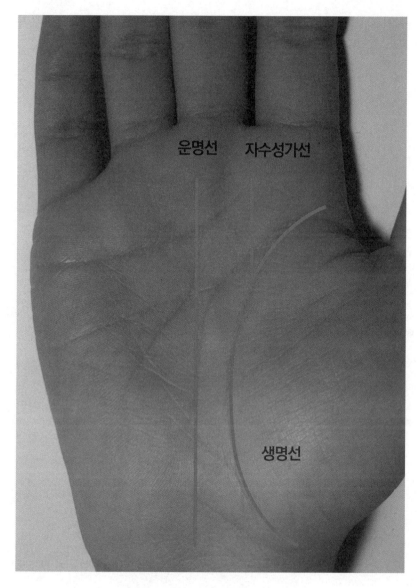

운명선　　자수성가선

생명선

[직업 운을 볼 때 주요 점검해야 할 선]

연세대를 나와 도배사로 일하는 젊은 여성분도 계시고, 마트에서 무거운 물건을 지게차를 운전하며 정리하시는 여성분들도 심심찮게 본다. 예전보다 남녀를 구분 지어 직업을 가진다는 선입견이 많이 없어진 듯하다.

하지만, 아직 의사는 남성, 간호사는 여성이 많다. 대학교수는 남성이 많지만, 초중고의 교사 성비는 여성이 훨씬 많다. 복지, 교육, 서비스업은 여성이 압도적으로 많고 공대, 현장 건설 쪽은 남성이 압도적으로 많다. 이를 보면 아무리 남자 여자 차별하지 않는다지만 현실의 직업과 노동시장에서는 남자 여자의 차이가 크게나마 있음을 볼 수 있다.

손금도 아직은 남녀 차이에 대한 해석이 다르다. 운명선이 대표적이다. 운명선이 중지 끝까지 굵고 진하게 나 있는 경우 남자들은 능력으로 보지만 여자의 경우는 까다롭게 살펴야 할 게 더 있다. 손의 모양과 구의 형태 선의 형태와 격이 좋은가 살펴야 한다. 만약 이 모든 것이 길상이면 사회적으로 큰일을 하지만, 만약 그렇지 못한 손이라면 이 여성은 평생 짊어질 책임과 할 일이 많다는 암시다.

내가 사는 아파트에는 택배 업체 중 여성 택배 기사분이 한 분 계신다. 무거운 짐을 매일 택배로 전달하는 일이라 남자들도 하기 힘든데 보조도 없이 그 여성분 혼자 하신다. 그분의 손이 너무 궁금해서 일부러 택배기사님이 오는 시간대에 기다렸다가 직접 택배를 받은 적이 있었다.

그분의 체형은 전체적으로 통통하고 동글동글한 체형이었다. 얼굴과 목소리는 천생 여자였다. 관상학적으로 여자가 얼굴에 각이 지고 관골이 크며 목소리가 카랑카랑한 목소리를 가졌으면 양기의 에너지를 가졌기에 일해서라도 발산해야 한다. 물론 마스크 때문에 턱 부분과 관골 부분을 자세히 못 봐 아쉬웠지만 여성스러운 목소리에 의외라고 생각하던 찰나에 그분이 마침 장갑을 벗고 내 물건을 찾길래 얼른 그분의 손을 보게 되었다.

그분의 손등은 우선 거칠었다. 체형이 둥글다면 살집이 많은 손인데 살집 많은 손이 손등이 거칠다는 것은 여성분이 가만히 앉아서 편하게 돈 쓸 팔자는 아니라는 것이다. 즉 다른 사람의 덕을 보기는 힘들고 본인 자신도 일해야 편하다.

손금을 볼 때 손등은 남자들과 비교하면 여자들에게 중요한 비중을 차지하는 부분이다. 손등이 고와야 집안에서도 고운 대접을 받는다. 그리고 남편의 사랑을 받는다. 그리고 손의 형태가 전체적으로 두툼하고 손가락이 짧으며 손가락 끝이 힘이 있었고 손톱도 짧고 두꺼웠다. 내가 싸인 해야 해서 볼펜을 건네주는 그분의 손바닥을 순간적으로 보다 보니 다른 선은 눈에 잘 안 띄었지만 짙은 운명선이 감정선을 넘어 중지까지 쭉 나 있는 게 한눈에 보였다. 여자의 손에 손금의 선도 깊고 진하다면 본인이 책임지고 가야 할 일이 많다는 것이다.

이런 여성분들은 집 안에 있으면 오히려 답답해할 수 있다. 외부적으로 에너지를 발산하며 살아야 한다. 여기에 운명선까지 짙게 중지를 향해서 가는 손이니 남편이 있어도 남편 덕을 보는 게 아니라 여성이 오히려 주변 식구들에게 덕을 보게 해준다는 마음으로 살아야 한다.

운명선은 방향 시작점에 따라 다르게 해석을 해야 한다. 만약 월구에서 운명선이 시작되는 손의 유형이라면 독립심과 주체성을 키워야 한다. 자녀나 내 손의 운명선이 월구에서 올라간다면 시행착오를 자꾸 겪으면서 주체성이 클 수 있도록 해야 한다. 아이 손금의 운명선이 월구형 시작 운명선이라면 부모는 아이에게 간섭 참견하지 말아야 한다. 아이를 믿고 실수를 하더라도 아이가 직접 겪으며 성장하는 교육을 해줘야 한다.

특히 월구에서 시작하는 운명선은 조직 생활에 힘들어하는 경향이 강하다. 구속이나 속박이 있는 조직 생활보다는 나의 능력을 키울 수 있는 직업이 맞다. 창업도 괜찮고 직업을 갖더라도 본인의 능력과 맡은 일만 하면 되는 곳으로 간섭이 적은 직장이나 조직이 좋다.

직업 운과 관련된 손금의 선을 알아보자.

자수성가선

생명선에서 올라가는 운명선이 있다. 만약 자수성가선이 있다면 본인이 큰 노력과 남들보다 많은 노고가 필요하다. 이런 사람은 몸이 재산이니 건강을 잘 챙기면서 내가 나 스스로 개척하면서 노력해야겠다.

흔들리는 운명선

만약 운명선이 흔들리면 마음도 흔들리고 약할 가능성이 크다. 이런 사람은 사업은 생각지 말고 처음부터 직장생활을 하든가 안정적인 직업을 가져서 생활을 하는 게 좋다.

운명선이 두뇌선 앞에서 끊어진 경우

여자의 경우 운명선은 결혼과 연관해서 보기도 한다. 두뇌선 앞에서 끊어진 운명선이라면 결혼을 너무 일찍 하지 말고 안목과 삶의 지혜를 더욱더 쌓은 후 늦게 결혼을 하는 게 좋다. 만약 운명선이 약하거나 흐린 사람들은 어떤 직업이 좋을까? 요즘은 시대가 빨리 바뀌고 새로운 직업도 많이 생기고 있다. 창업해도 가게를 현실적으로 차리는 게 아니라 온라인에 창업하는 예도 많이 있다.

예를 들어 퍼스널 브랜딩처럼 SNS 내에서 1인 창업을 운영하며 블로그나 유튜브 등을 활동하며 돈을 버는 예도 있다. 앞으로는 메타버스 시대라고 해서 이 분야에서도 새로운 직업이 많이 생길 듯하다. 운명선을 보고 내 운명선이 너무 힘이 없거나 흐릿하다면 이런 분야의 직업을 생각해보는 것도 좋은 방법이다. 단, 운명선이 흐린 사람이나 약한 사람은 끈기와 의지가 약한 단점이 있다. 온라인 사업을 한다고 해도 끈기가 중요함을 명심해야겠다.

운명선이 약하거나 끊어진 사람들은 등산이나 인공 암벽 등반 등 시작
이 있으면 끝까지 마칠 수 있는 운동을 평상시 하면서, 본인 성격을 극복
해보는 습관을 지니는 것도 손금의 운명선에 힘을 실어주는 방법이다.

04

사람복 :
주변 사람들 때문에 너무 힘들어요

사람복과 주변 사람들과의 관계를 보는 선(자비감정선, 인복선, 금성대)을 보자.

손금으로 사람 복을 볼 때는 자비감정선에 비중을 두고 본다. 하지만 사람 관계가 간단한 손금 몇 개로 풀 일은 아니니, 항상 전체 손의 형상을 같이 보고 풀이를 해야 한다.

사람과의 관계가 힘든 사람들의 손의 특징은 감정선과 두뇌선, 운명선을 볼 때 섬 모양이 있는 손금이 많다.

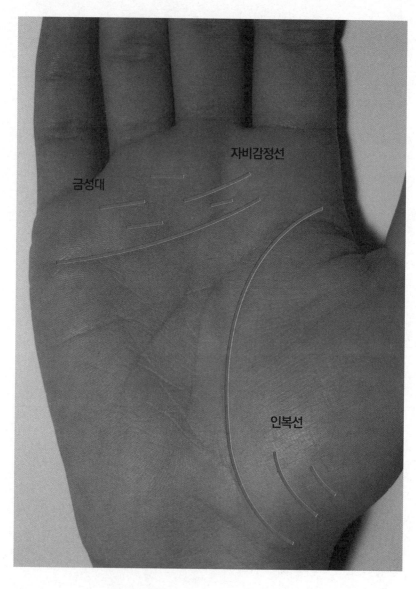

금성대   자비감정선

인복선

[사람복과 주변 사람들과의 관계를 보는 선]

이런 사람들은 동업보다는 혼자 일을 하는 게 좋고 사람들과의 관계가 얽힐수록 내가 손해 보는 일이 생긴다. 그리고 자비감정선과 많은 연관이 있음을 알 수 있다.

알고 있는 지인분을 통해 소개받은 P 씨의 사연이 생각나서 적어본다. 그녀는 현재 50대 중반인데, 그녀의 인생은 사람 관계로 인해 지금까지 고생으로 살아온 분이다. 그녀의 고향은 첩첩산중 시골이었고 부모님은 나라에서 경제적 도움을 받으며 어렵게 사셨다고 한다. 장녀로 태어난 그녀는 어릴 때부터 부모님이 다른 집 농사일하러 나가시면 집안일을 도맡아 하고 동생 둘을 돌보며 지냈고, 고등학교 때는 낮에는 재봉 일을 하며 돈을 벌어 집안 생활비에 보탰고 밤에는 야간 고등학교에 다녔다고 한다. 어느 날 고3 졸업반쯤에 동네에서 세 살 터울의 아는 오빠의 친구가 동네에 놀러 왔다가 그녀를 알게 되었고, 동네 오빠의 친구는 자주 동네에 놀러와 그녀를 따라 다니며 챙겨주고 잘해주었다고 한다.

그 당시 그녀 처지에서는 어린 나이에 매번 집안일과 동생들 챙기느라 본인도 못 챙기고 사는 환경이 너무 지긋지긋했다고 한다. 그러다가 그 오빠가 그녀를 챙겨주고 이뻐하니 이게 사랑이구나 하며 그 오빠에게 마음이 확 끌렸다고 한다.

그녀는 결국 고등학교 자퇴를 내고 그 오빠랑 결혼식도 안 올리고 동거를 했다고 한다. 하지만 행복도 잠시 그 오빠란 사람은 몇 년 안 가 바람을 피우기 시작했고, 사업한다고 일만 벌이고 뒷수습은 그녀가 해결하는 식으로 살았다고 한다. 시어머니와 시누이들은 그녀를 만만히 보며 온갖 집안일이며 시누이가 운영하는 곳까지 불러 일을 시켰다고 한다.

결국, 14년을 넘게 살다가 아이는 안 생기고 그녀한테 남은 것은 본인 카드빚만 떠안은 채 이혼을 했다고 한다.

결국, 재봉 일을 계속하며 돈을 갚았고 30대 후반에 다른 일을 할까 알아보던 중 학원에서 남자분을 알게 되었다고 한다. 그런데 그 남자분은 북한에서 온 탈북민이었다. 주위 반대가 심했지만, 그 당시 그분도 한번 결혼했다가 실패한 경험이 있었고 답답해하던 그녀를 드라이브로 기분 전환해주며 서로가 통하는 게 있어 그에게 약간씩 마음이 끌렸고 두 번째 결혼을 하게 되었다.

두 번째 결혼 생활을 시작하면서 그사이에 아이 둘을 낳게 되었다. 하지만 두 번째 만난 남자분은 본인이 북한 탈북민이라 그런지 한국 생활에 늘 불안해했고, 의심이 많았고, 직업군인 출신인 데다, 강압적인 성격이 강해 그녀와 자녀들에게 명령·지시, 복종으로 대했다고 한다. 문제는 일은 아예 하지도 않고 나라에서 받은 지원금으로만 생활했는데, 집에서 아이들과 그녀를 구속 속박하며 생활비도 그녀에게 만 원씩 애들 용돈 주듯이 주었다고 한다. 그녀 역시 신분 노출에 대한 거리낌 때문에 사람들도 잘 못 만나게 하고 일도 못 하게 했다고 한다.

그렇게 창살 없는 감옥처럼 살다가 그녀는 더 이렇게는 못 살겠다 싶어 아르바이트 일을 구해서 하기 시작했다. 하지만 일을 했다는 이유로 싸우다 폭력을 당하게 되었고, 아이 둘을 데리고 나와 고시원에서 살다가 결국 그 사람의 폭언과 위협하는 말로 불안에 떨면서 이혼 소송을 진행했고 결국 이혼을 했다고 한다.

여기서 그녀의 삶 이야기가 끝나면 좋으련만, 그녀의 사람 관계는 또 얽히게 된다. 그 당시 딱한 상황에 부닥친 그녀를 아르바이트 일을 하던 가게 사장이 심적, 물적으로 많이 도와주었다고 한다. 그리고 그 당시 가게를 확장하려고 했던 사장님과 그녀가 같이 가게를 동업하는 형식으로 운영하기로 했다고 한다. 그녀는 무리하게 카드 대출을 받아 가게 사장과 동업의 형식으로 가게를 운영했는데, 그 가게 사장은 1년 뒤 폐암 말기 판정을 받았고 입원 후 3개월 만에 그만 돌아가시게 되었다. 고스란히 가게 투자금은 그녀가 떠안게 되었고 카드빚을 갚기 위해 노력했지만 역부족이었다. 지금 그녀는 신용불량자로 산다고 한다. 정말 신이 있다면 푸념이라도 하고 싶은 그녀의 운명이다.

그런 그녀의 손에는 선명하게 자비감정선이 있다. 그리고 금성구에 있을 인복선은 보이지가 않았다. 인복선은 흔히들 인간 덕이라고 하는데 인복선의 의미는 여자의 경우 자기주장이 뚜렷하고 자기 관리를 잘하는 뜻이 있고 남자의 경우 자신감 내세움을 말한다.

자비감정선 뿐만 아니라 감정선을 막고 있는 선이 있었고 두뇌선이 흔들린 채 섬 모양이 눈에 띄게 보인 손금이었다. 중요한 것은 생명선이 끝이 흐지부지해서 흔들리는 운명선에 의존한 모습이니 투자, 사람 관계에는 더욱더 조심했어야 했다.

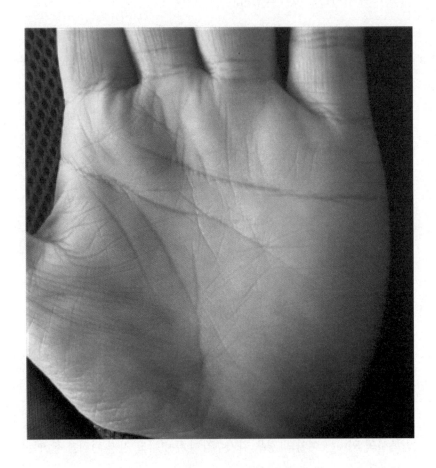

[감정선 위에 선명한 자비감정선이 보이고 생명선 두뇌선 운명선이 불안정하다.]

자비감정선

감정선 위에 제2화성구를 향해 사선으로 나오는 선을 말한다. 초보자들이 잘못 보면 이중감정선과 헷갈릴 수가 있고 금성대와 헷갈릴 수 있으니 주의 있게 잘 봐야 할 선이다.

이 선이 있는 사람은 주위 사람들에게 상처도 많이 받고, 주위 사람들로 인해 내가 손해 볼 일이 생긴다. 나도 챙겨줄 여유가 있으면 좋으련만 나도 없는 와중에 주변 사람들까지 챙기고 마음마저 써줄 일이 많이 생기니 어찌 보면 세상이 원망스러운 마음이 들 수도 있다.

하지만 자비감정선의 이름대로 내 마음을 내려놓고 자비로운 마음으로 챙겨준다는 생각으로 산다면 억울한 마음이 조금은 수그러들 것이다. 한마디로 '내가 기대하면 기대한 만큼 마음의 상처를 받으니 나는 부처님이요'라는 마음으로 살아가는 게 편하다.

그렇다고 희생만 하고 남이 나를 이용하게 만들면 안 된다. 다만 나도 챙기지만 내가 하나 더 준다는 마음을 가지자는 것이다. 자비감정선이 있는 분들뿐만 아니라 평상시 사람들 때문에 많이 힘든 사람들은 마음 챙김 명상 및 자애 명상을 평상시 수시로 하면 많이 도움이 된다.

마음 챙김 명상은 순간순간 일어나는 생각, 감정 및 감각을 판단 분별하지 말고 그대로 현재를 알아차리는 명상법이다. 자애 명상은 나의 삶이 소중하며 조건 없고 한계가 없는 사랑 에너지를 나에게 먼저 보내고 내가 충만해지면 더 나아가 그동안 힘들게 했던 분들이나 용서하지 못한 사람들을 떠올리며 그들에게 나의 사랑의 에너지를 주는 명상법이다.

사람복은 타고 난 것도 있지만 나의 처세도 한몫한다. 내가 내 마음을 챙기며 선한 영향력을 키움과 동시에 아닌 사람은 멀리할 수 있는 강인함과 단호함도 필요하다.

원불교 경전 〈법어 원리 55장〉을 보면, 인연에는 좋은 인연과 낮은 인연이 있나니, 좋은 인연은 나의 진로를 열어주고 향상심과 각성을 주는 인연이요, 낮은 인연은 진로를 막고 나태심과 타락심을 조장하며 선연을 이간하는 인연이니라.

주변에 보면 사람들 때문에 힘들어하는 사람들이 의외로 많다. 그들의 공통점은 흔히 말하는 마음이 너무 착해서이다. 우리는 누군가에게 착한 사람이 될 수도 있고, 누군가에겐 나쁜 사람이 될 수도 있다. 그 말인즉슨 사람들 관계에서 착한 사람으로 살려고 나를 너무 희생하며 나 자신을 잃어가며까지 살지 말라는 것이다. 나쁜 인연의 사람들에게까지 나의 인생과 가치를 희생하며 살 필요가 없다는 것이다. 그래서 사람 관계에서도 끊고 맺음이 필요하다. 그리고 나에게 좋은 인연이 되는 사람들을 만나는 것처럼 나 역시 사람들에게 좋은 인연을 주는 사람으로 살아야 좋은 인연의 씨가 자란다.

당신은 주변 사람들에게 좋은 인연을 주는 사람인가? 아니면 낮은 인연을 주는 사람인가? 자신 스스로가 주변에 어떤 영향을 끼치는 인물인지 곰곰이 생각해보자.

05

마음복 :
난 너무 예민한가 봐요

손금에서 마음복을 볼 때 참고해야 할 선(감정선, 심적방황선, 금성대, 금성구와 월구, 약한생명선)을 알아보자.

마음을 빗대어 요즘 사람들은 넓은 범위로 멘탈이라는 단어를 사용한다. 멘탈은 주로 정신력과 마음을 뜻한다. 마음이 강한 사람을 '멘탈이 강하다'라는 표현을 쓴다.

반대로 유리처럼 깨지기 쉬운 멘탈. 작은 일에도 멘탈이 붕괴하여 상처받는 사람들을 흔히 유리 멘탈이라고 표현한다.

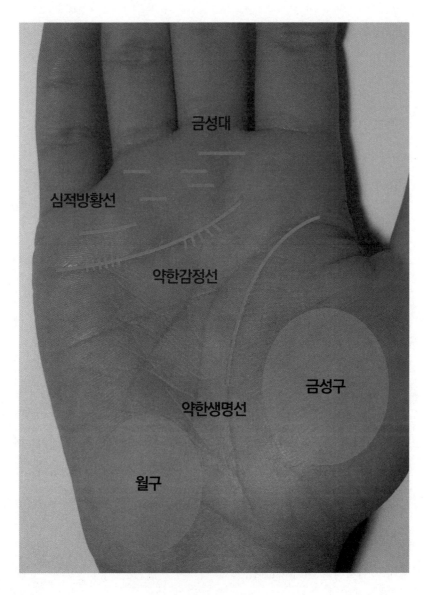

금성대

심적방황선

약한감정선

금성구

약한생명선

월구

[손금에서 마음복을 볼 때 참고해야 할 선]

멘탈을 강화하는 방법과 여러 가지 훈련법을 통해 멘탈을 키우고 활용하는 방법인 책도 나올 정도면 예민한 마음과 손금에서도 유리 멘탈을 가진 사람이라면 훈련법을 실천해서 조금씩 마음의 힘을 키우도록 하자. 마음도 근육처럼 키우지 않으면 점점 나약해진다.

내가 아는 분의 여동생이 있는데 그분의 손금을 봐달라고 해서 손금을 본 적이 있었다. 20대 중반의 여자분이었다. 전문대를 나와 취업을 했다가 직장생활이 일도 너무 많고 직장 사람들 때문에 너무 힘들어서 지금은 집에서 쉬고 있다고 한다.

어릴 때부터 성정이 여리고 너무 착한데 젊은 애가 자신감도 없어서 걱정이라고 했다. 직업이랑 언제쯤 결혼하는 게 좋을지 고민이라고 봐달라고 해서 본 적이 있다.

이분은 전체적으로 잔금이 많이 나 있는걸 보니 쓸데없는 생각을 평상시 많이 하고 있음을 보여줬다. 감정선 위에 심적 방황선과 금성대가 너무 많이 나와 있었고, 감정선도 깨끗하질 못하고 마치 덧칠한 것처럼 되어 있었다. 감정선이 덧칠된 모습이거나 꽈배기처럼 꼬인 분들은 세상을 긍정적으로 보질 않는다. 한 번쯤 꼬아서 세상을 본다. 그러니 세상이 우울하고 심각하고 재미가 없다.

감정선이 덧칠되었다는 것은 태생적으로 심장 기능이 약하다. 심장 기능이 약한 사람이 대부분 잘 놀라고 겁도 많고 심해지면 불안증, 우울증도 오기가 쉽다. 더군다나 성공구 부위를 여러 마리 지렁이가 기어가듯이 심적 방황선에 금성대가 나 있으니 예민함의 강도가 최고였다. 두뇌선마저 월구를 향해 길게 나뭇가지가 늘어뜨려 있듯이 늘어져 있는 것이 생각을 어둡게 만드는데 가중하고 있는 셈이었다. 생명선도 확실하게 선이 나와야 하는데 가다가 끊어진 느낌이었다.

그분에게 현재 제일 필요한 것은 직장을 구하는 것도 결혼을 위한 조언도 아니었다. 결혼도 나 스스로가 마음이 채워지고 넓어져야 상대도 그런 사람을 만나게 된다. 직장도 마찬가지다. 내가 어느 정도 마음의 힘이 생겨야 직장생활도 잘할 수가 있다. 이 동생분의 손금으로 봐서는 무슨 일을 오래 하지도 못하는 손금이었다. 끈기를 키우는 노력이 필요한 손금이었다. 그래서 이 동생분에게 제일 먼저 해야 할 일을 알려주었다. 체력 키우기, 나 자신 먼저 챙기기, 내 마음 바라보기, 안 하던 일 도전해 보기였다. 혹시 마음이 유리 멘탈을 가지신 분이라면 같이 실천하길 권한다.

하나. 체력 키우기

헬스클럽을 등록해도 좋고, 요가를 등록해도 좋고 본인에게 맞는 운동을 시작하되, 혼자 하는 운동이 아닌 돈을 내고 할 수 있는 운동을 권한다. 이런 분은 돈을 내고 누군가 이끌어 주어야 그나마 따라온다. 혼자 운동을 하면 하루 이틀도 못 가고 흐지부지해질 가능성이 크다.

둘. 나 자신 먼저 챙기기

예민하고 마음 약하신 분들의 특징이 타인의 눈치를 잘 보고 타인의 비위를 맞추느라 정작 나 자신을 잘 못 챙긴다. 그리고 모든 사람에게 인정받고 착한 사람으로 남길 바라는 마음이 있다.

칭찬과 인정에 대한 욕구를 타인이 아닌 나 자신이 스스로 인정해주는 연습을 해보자.

그리고 나 자신을 사랑하는 방법에 대한 유튜브나 강연 관련된 도서도 꼭 읽어보자.

셋. 내 마음 바라보기

마음이 예민하신 분들의 특징이 잡생각이 많고 지나간 날들에 대한 후회가 많다는 것이다.

본인이 실수한 일부터 시작해서 그때 차라리 이렇게 할 걸 하며 아쉬운 일에 대한 후회가 많다. 생각에 생각이 꼬리를 무니 어느새 본인 머리는 쓸데없는 잡생각으로 꽉 차 있다.

내 마음 바라보기는 생각이 일어날 때 순간을 알아차리는 연습이다. 처음에는 하기 힘들다. 하지만 이것도 연습하다 보면 생각에 이끌려 다니는 나를 알아차리고 생각을 흘려보낼 수 있다. 잡생각이 많으면 우리 뇌도 생각하느라 쉴 틈이 없다. 잡생각이 많은 사람의 특징이 피곤을 쉽게 느낀다.

넷. 안 하던 일 도전하기

예민하신 분들의 특징이 체력도 약하고 끈기도 부족하지만 새로운 일에 대한 도전을 많이 두려워한다. 동생분의 경우 종교가 기독교라 교회에 다닌다고 해서 성가대나 교회 청년 모임 등 지금까지 안 해왔던 일에 도전하라고 했다.

내가 두려워하는 것을 피하다 보면 움츠린 채 사는 수밖에 없다. 작은 일이라도 도전하는 습관을 지니도록 노력하는 것도 예민한 성격에 많은 도움을 준다.

손금의 감정선의 모양을 보면 내 마음의 상태를 알 수 있다.

감정선에 부챗살 모양이 선에 있으면

내가 감당해야 할 일들이 많아지고 신경 써야 할 일들이 많다. 주로 가족이나 주변 가까이 지내는 사람들로 인한 일들이 생긴다.

| 발산형의 손 |

살면서 책임지고 본인이 많은 일을 감당해야 한다.

| 수렴형의 손 |

근심과 걱정으로 만든 일들이나 우울한 마음이 만든 일들이 발생

감정선 끝의 방향

| 감정선이 목성구 방향으로 원만하게 상향하는 모습 |

마음과 감정이 따뜻하며 세상을 볼 때도 긍정적으로 보려는 마음이 있다.

| 감정선이 중지 방향으로 방향이 급상향하는 모습 |

감정이 쉽게 올라갔다 쉽게 내린다. 평상시는 괜찮다가 화가 나면 급발진을 하듯 다른 모습을 보여준다.

| 감정선이 손목 쪽으로 하향하는 사람 |

감정이 차갑고 냉철하다. 타협이 적다. 직업상 냉철함을 필요로 하는 경찰, 무술인, 운동 선수, 경쟁하는 직업을 가지신 분들은 이런 감정선의 유형이 많다. 만약 일반인들이 감정선이 하향하는 선이 생긴다면 지금 삶이 고단하고 힘들다는 표현의 선이다.

| 감정선 끝이 여러 가닥으로 나뉜 감정선 |

현재 신경 쓰고 힘든 일이 많음을 암시하고 있다. 감정이 갈팡질팡 기복도 심하고 우유부단한 성격이 될 가능성도 크다.

06

건강복 :
저질 체력에 몸도 약해요

손금에서 주로 건강복을 볼 때 참고해야 할 선(건강선, 심고선, 피로선, 비애선, 방종선, 위험한숨선)이 있다.

복중에 가장 최고의 복은 바로 건강복이 아닌가 싶다. 요즘은 젊은 사람들도 저질 체력을 가진 분들이 의외로 많다. 젊은 사람들뿐만 아니라 아이들도 외부 활동보다 집안에서 많이 활동하고 가까운 거리의 학교도 부모님들이 차로 데려다주니 아이들의 체력이 떨어지는 게 당연한 듯싶다.

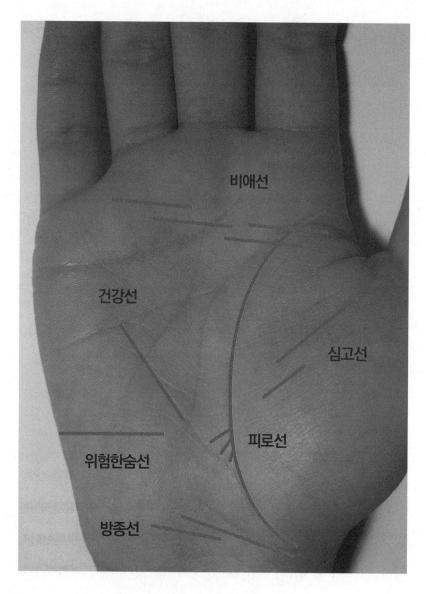

비애선

건강선

심고선

피로선

위험한숨선

방종선

[손금에서 주로 건강복을 볼 때 참고해야 할 선]

저질 체력을 가진 손의 특징을 보자. 먼저 손에 힘이 없다. 손이 전체적으로 얇은 편이다. 손바닥 구가 밋밋하고 기본 3대선이 희미하거나 흐릿하다. 잡선들이 많이 있다.

건강을 볼 때 손금에서 비중 있게 보는 선이다.

방종선

신경을 과다하게 쓸 때 나오는 선을 말한다. 손이 발산형에 나오면 달갑지 않은 선이다.

방종선이 손에 보일 때는 애정운, 금전운, 건강운 때문에 나온 것인지 각각 분석이 필요하다.

생명선 옆쪽의 월구 부위의 별 모양

선이 여러 개가 겹치면 별 모양처럼 보인다. 별 모양이 월구에 있으면 그동안 내 안에 화가 많이 쌓였다는 것이다. 별 모양이 손에 보이면 답답한 게 쌓인 것이다. 여러 개의 선이 모여 별 모양을 만든 것은 좋지 않은 뜻이 강하다.

위험한숨선

월구에서 가로로 생명선을 향해 가로지른 선을 말한다. 이 선이 나와 생명선을 건들면 건강이나 현재하고 있는 사업 등을 잘 살펴야 한다. 이 선이 나왔다면 현재의 식생활 패턴, 그리고 스트레스 상황 운동 등 건강에 신경을 많이 써야 한다.

심고선

금성구 안쪽에서 생명선 방향으로 살짝 사선으로 나와 있는 선을 말한다. 이 선이 나오고 있다는 것은 현재 내 몸이 과하게 스트레스를 오래 받고 있어 내 몸과 마음에 상처가 생겼다는 선이다. 이 선이 생명선에 닿으면 문제가 되니 이 선이 손에 보인다면 현재 나의 몸과 마음을 한 번 더 챙기는 시간이 우선순위임을 알아야겠다.

피로선

생명선 하단에 나오는 작은 사선의 선을 말한다. 말 그대로 피곤한 상황에 나오는 선이다.

내 몸이 힘들고 하는 일이 잘 안 될 때 나오는 선이다. 즉 내가 그만큼 일일이 신경 쓰고 나의 에너지를 과하게 쓰고 있다고 알려주는 선이다. 이 선이 보이면 건강도 잘 챙기고 마음의 쉼이 필요함을 보여주는 선이다.

건강과 체력을 확인할 때는 기본 삼대선을 꼭 같이 확인해야 한다. 만

약 두뇌선이 퍼져 있다면 이도 건강에 위험하다는 신호이니 늘 건강에
신경 써야겠다.

신체에 관련하여 예전 어르신들이 하신 말씀 중에 '다리 떨면 복 달아
난다….' 혹은 '한숨 쉬면 복 없다.'라는 말씀이 있다. 하지만 요즘 현대인
들은 옛날 농경 사회 사람들과 환경이 매우 다르므로, '다리 떨고 한숨 쉬
면 건강에 좋다.'라고 바뀌어야 할 듯싶다.

현대인들은 의자에 앉아 생활하는 좌식 생활 혹은 서서 일하는 직업군
의 일을 많이 한다. 앉아서 일하는 분들은 다리 쓸 일이 없고, 서서 일하
시는 분들은 다리에 영향을 많이 준다.

이럴 때 시간을 정해놓고 다리를 달달 떨어주면 좋다. 하체 혈액순환
에 도움이 되고 다리를 떨면 전체적으로 몸 안의 온도가 올라가 면역력
향상에도 좋은 운동이다. 좌우로 상하로 시간 될 때마다 흔들어보자. 단
내 의식이 아닌 무의식에 나도 모르게 다리를 달달 떨면 관상학적으로도
복이 삭감되니 운동의 효과를 기대하며 떨어보자.

한숨 역시 호흡명상이라고 내쉬는 호흡을 길게 내쉬는 명상법이 있다.
숨을 깊게 내쉬면 폐 건강에도 좋고 몸을 편안하게 해주는 부교감신경을
활성화해 스트레스와 신경을 많이 쓰는 현대인들에게 아주 좋은 호흡법
이다. 실제로 '네이처'에 실린 한 논문에서는 한숨을 자주 쉬지 않으면 허

파꽈리가 서서히 망가져 나중에 폐 질환에 걸릴 확률이 높다고 발표했다.

단, 한숨도 내가 힘들어 내쉬는 호흡이 아니라 내가 의도적으로 잠깐씩 틈을 내줘서 내쉬는 호흡 명상을 해보자. 천천히 숨을 내쉴수록 몸이 이완됨을 느낄 것이다. 요즘처럼 바쁜 시대에는 틈틈이 손쉽게 활용할 수 있는 방법으로 체력을 길러야겠다.

작년에 뇌에 관련하여 공부하고 싶어 국가 공인 자격증인 브레인 트레이너 자격증을 취득했을 때의 일이다. 자격증을 미리 취득하신 분들도 계시고 현재 공부하고 있는 분들을 카톡방에 초대해서 서로 정보를 공유하는 공간이었는데 여기서 알게 된 분이시다.

이분 나이가 올해 74살 정도 되셨나 보다. 하지만 이분은 나이를 거꾸로 드시는 분이시다. 카톡방 참여도 정말 열심히 하시고 매사가 적극적으로 사시는 분이셨다. 카톡방에서 워낙 활발히 활동하셔서 그분 성함을 알고 있었는데, 작년 브레인 트레이너 자격증 시험 때문에 시험 보러 서울에 갔다가 현장 감독을 하셔서 얼굴을 직접 보게 되었다. 세상에 70대 초반의 나이가 아니라 50대 외모를 하고 계셔서 속으로 깜짝 놀란 적이 있었다. 이분도 작년 브레인 트레이너 자격증을 취득하시고 젊은 사람 못지않은 에너지를 가지고 활동도 적극적으로 하고 계셨다.

이분의 수면 시간은 하루평균 3~4시간 정도라고 한다. 북한만 빼고 제주도까지 매일 그렇게 대한민국 팔도를 누비며 대학교 강의와 학교 청소년들 대상 강의와 법원 상담 활동, 컨설팅 그리고 자원봉사까지 다니시는 분이시다.

교장 선생님으로 근무하시다 퇴임하시고 현재 젊은 사람보다 더 바쁘게 사시는데, 배움에 욕심이 많으셔서 현재는 메타버스까지 배우신다고 사이버대학교에 다시 입학하시어 공부하고 계신다.

그분이 체력과 열정을 그렇게 유지하는 이유가 따로 있었다. 물론 타고난 체력도 있었지만, 이분은 지금까지 인생을 사시면서 힘든 일이 와도 스트레스라고 생각해본 적이 없다고 하신다. 그리고 매일 만 보 걷기는 기본이고 명상에 스쿼트, 단전 치기 등 몸 관리를 수시로 하신다고 하신다. 이분의 마인드와 틈틈이 생활 내에서 체력 키우는 작은 습관이 모여 그분의 젊음을 유지하고 활력이 넘치는 비결이었다.

이분 앞이라면 "시간이 없어서." "체력이 안돼서 힘들다." 는 말이 쏙 들어갈 정도이다.

WHO에서 정의하는 건강은 단지 질병이 없는 상태를 의미하는 게 아니라 신체적, 정신적, 사회적으로 완전한 상태라고 한다. 이분이야말로 WHO에서 정의하는 완전한 건강인에 속하는 것 같다. 이분의 손금 역시 이분 그대로를 보여주는 듯하다.

 70대 초반의 나이임에도 불구하고 월구와 금성구가 빵빵하고 전체 구가 발달하였고 손 전체가 힘차다. 손금의 선도 힘이 있고 짙다. 감정선도 밝고 긍정적이다.

 활력이 넘치는 이유가 손에서도 보인다.

07

성공복 :
나도 사회적으로 성공할 수 있을까요?

당신은 당신 스스로 성공을 정의 내린다면 무엇이라고 정의 내릴 것인가?

성공의 사전적 의미는 '목적한 바를 이룬다.'라고 정의 내려져 있다.

농구 감독 존 우든은 성공에 대해 다음과 같이 말했다.

"자신이 될 수 있는 최고의 존재가 되기 위해 최선을 다했을 때의 만족감과 그로 인한 마음의 평화이다."

성공은 비교로 오는 것이 아닌 나의 인생 성공을 위해 나다운 삶을 사는 것이다.

　각자의 길에서 내 인생의 성공을 길을 가시는 분들의 손금 사진을 올려본다.

　◆ 브레인 트레이너 명상 전문가로 현재 뇌 관련 프로그램을 위해 직접 본인이 공부하시며 연구 개발에 힘쓰고 계신 분이시다. (왼쪽 A)

　- 명상을 오래 하신 분이라 손의 전체적인 찰색이 귀격이다.

　- 활짝 펴신 손가락과 손에서 힘이 느껴지고 숨김없이 개방적이고 자신감 있다.

　- 월구와 금성구의 힘이 좋다.

　- 손가락이 철학형에 속해서 연구, 철학, 심오하게 파고드는 일에 어울린다.

　◆ 50대 초반의 브레인 트레이너 전문 명강사로서 1000회 이상의 강의를 하시며 사람들의 뇌 가소성을 발휘할 수 있도록 돕고 있다. (오른쪽 B)

　- 전체적인 손 모양과 손가락에 힘이 있다.

　- 자비감정선이 보이지만 사람들에게 뇌 활용 방법 및 희망을 주는 강의를 하며 많은 사람에게 도움을 주는 직업을 가지면서 보완하는 듯싶다.

　- 태양선이 짙게 나 있고 강의를 하는 직업이 맞다.

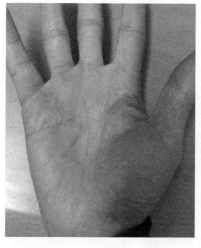

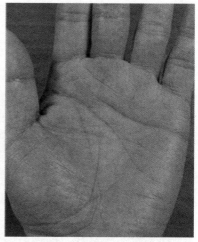

[왼쪽 A]　　　　　　　　　[오른쪽 B]

◆ 원불교 교무님이며 종교인의 삶을 살고 계신 분이시다. (왼쪽 C)

– 수행을 많이 하시고 원불교와 교도님들을 위해 평생을 사신 분이시다.

– 나이가 있으심에도 불구하고 손의 탄력과 여러 구의 힘이 좋다.

– 가로 삼대선 중 생명선도 힘이 좋고 성공구 부위도 선이 잘 나 있다.

◆ 현재 60대 초반이며 사업체를 두 곳이나 운영하시는 여성사업가분의 손금이다. (오른쪽 D)

– 여성분이지만 남성형의 발산 기질을 가지고 있다.

– 가로 삼대선과 운명선이 감정선을 넘어 잘 나 있다.

- 손가락과 손바닥의 크기가 두툼하니 사업과 리더의 기질을 잘 타고 나신 분이시다.

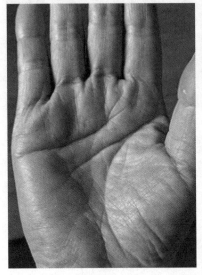 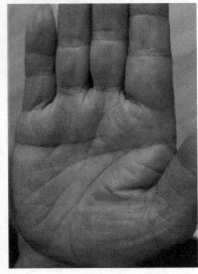

[왼쪽 C]   [오른쪽 D]

◆ 손금에서 성공복을 볼 때 참고하는 것은 손금의 전체적인 균형, 조화, 손의 찰색이다.

- 가로 삼대선(생명선, 두뇌선, 감정선)이 각자 잘생겨야 한다.

선이 잘생겼다는 것은 선의 끝이 난잎처럼 예리하게 빠진 선들처럼 되어 있는 선이다.

- 세로 삼대선이 나무 기둥처럼 좋은 조건으로 위로 잘 뻗어야 한다.

– 약지(네 번째 손가락) 아래쯤에서 선이 나누어지는 이중두뇌선이 있는데, 이런 두뇌선은 기회와 기회를 잘 잡는다. 약지는 재물, 명성, 출세를 뜻하는 손가락인데 약지 손가락의 의미가 가중된다.

　– 손가락을 붙였을 때 틈이 없어야 한다. 손가락은 서로 붙어야 좋다. 손금이 아무리 좋아도 손가락이 안 좋으면 운을 다 사용 못 한다.

　– 월구와 목성구에 잡선이 없어야 한다. 월구에 잡선이 많다는 것은 생각과 고민 근심이 많다.

　– 월구와 금성구가 두둑하고 둥글다. 원만하다. 월구 금성구가 원만한 사람이 성격도 원만하니 좋다.

　– 두뇌선이 직선으로 너무 긴 두뇌선이 있다. 행운이나 기회가 와도 내 것으로 잡지 못하고 내 앞을 그냥 지나치는 경우가 많다. 두뇌선이 월구를 지나쳐 긴 사람은 절대 요행이나 빠르게 가는 길을 선택하지 말고 투자 사업 등은 신중히 해야 한다. 만약 두뇌선 끝에 사각 모양이 달린 듯하다면 일이 현재 어렵게 되어가는 과정이라는 뜻이 있다. 그리고 현재 돈으로 힘들 때 이런 모양이 나오기도 한다.

4장

손금의 지혜와
뇌의 비밀로

당신의 운명을 개척하라
- -

복 중의
최고 복은 극복이다

새해가 되면 사람들이 가장 많이 하는 처음 인사가 "새해 복 많이 받으세요."이다. '복' 이란 단어는 듣는 것만으로도 기분이 좋아진다. '복'이란 무엇일까? '복(福)'이라는 한자를 풀이해보면 示(보일시, 신을 나타내기도 함) + 一(한일) + 口(입구) + 田(밭전)이 합쳐져서 복이란 한자가 나왔다. 조상님이나 신은 한결같이 열심히 밭을 갈구며 열심히 살아가는 사람들에게 복을 내린다는 뜻이 숨어 있다.

내가 생각하는 '복'이란 다음과 같이 정의 내리고 싶다.

'복이란, 조상님을 모시듯 나와 내 이웃을 존중하고, 신과 하나 되는 큰 마음으로 세상을 바라보며 나에게 주어진 사명감과 책임을 다하며 사는 사람이라면 누구나 받을 수 있는 큰 행운과 자연스러운 행복이다.'

중국 유교의 5대 경전 중 하나인 『서경』 1편인 〈홍범〉에서 오복에 관련하여 나온다.

| 장수복 |

오래 살고 싶은 것.

| 재물복 |

재산이 넉넉한 것.

| 강녕 |

건강하고 마음 편한 것.

| 유호덕 |

남들에게 선행을 베풀고 덕을 좋아하는 것.

| 고종명 |

죽을 때 고통 없이 편안히 생을 마무리하는 것.

시대가 변해도 사람들의 마음은 다 똑같다고 예전 사람들이 바라는 5가지의 복을 원하는 것은 변함이 없다. 하지만 많은 사람과 상담을 해보면 현대인들이 바라는 복이 더 있음을 느낀다. 시대가 시대인지라 현대인들이 원하는 복 2가지를 넣어서 7가지의 복으로 정의해보았다.

| 사람복 |

원만한 인간관계를 원하는 것을 말한다. 현대인들이 의외로 인간관계에서 오는 스트레스가 많다. 그래서 사람에 관련된 '인덕'을 물어보는 경우가 꽤 많다.

| 성공복 |

사회적으로 성공해야 명예와 부가 따른다. 성공에 관한 욕구를 나타낸다.

그럼, 복 중의 최고의 복은 무엇일까?

그건 바로 '극복'이다. 물론 '복'이란 한자는 다르긴 해도 7가지 복보다 더 알아주는 최고의 복은 바로 '극복'이다.

| 극복 |

사전적 용어로 어려움이 있어도 굴함이 없이 능히 견디거나 잘 조절해나가는 것. 이겨냄.

복 중의 최고의 형님은 '극복'이다. 이 말은 내가 손금을 배우면서 손금을 가르쳐주신 대선 스승님께서 늘 하신 말씀이시다.

'극복'의 중요성을 강조하시며, 복을 누릴 수 있게 하는 힘이 바로 '극복'이라고 하셨다.

손금을 공부하면서 내가 내 손금을 봤을 때는 기본 삼대선을 빼고 무슨 잡선들이 이렇게 생겼는지 정말 보기도 싫은 손금이었다. 한마디로 운이 안 풀리고, 삶을 꽉 막히게 하는 선들과 섬 모양이 내 손안에 다 있었다. 그리고 무슨 잡선들이 얽히고설키고 했는지 내 손을 보면 한숨이 나올 정도였다. 어느 날은 이런 생각도 들었다.

'어휴…. 내 손금은 안 좋은 선들만 가득 나오고 내가 아무리 지금 꿈이 있고 그 일을 하고 싶어도 장애선이 즐비한데 잘되겠어?' 손금에 내 인생을 맞추는 어리석은 해석이었다. 하지만 손금을 깊게 배우며 내가 하수의 눈으로 나의 손을 해석했었다는 것을 알았다.

나도 몰랐던 선들이 나를 지지하고 있었다. 그건 바로 극복을 한 과정에서 나온 선이었다. 극복성공선이었다. 성공구 부위가 확실하게 태양선과 운명선이 자리를 잡았다. 그리고 이를 지지해주는 생명선도 예전과 비교하면 안쪽으로 휘감아 들어가 있었던 것이었다.

예전에 힘들었을 때 찍었던 사진과 그 과정에 내 꿈과 의식 성장을 위해 노력하며 겪었던 과정에서 확실히 손금이 달라진 것이었다.

 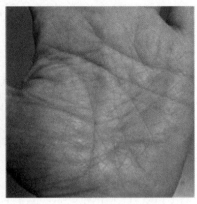

[예전 사진 – 지저분한 성공구]　　　[최근 사진 – 성공구 부위에 나온 선]

　내 손금에 안 좋은 선들이 많이 나온 이유가 있었다. 나는 결혼 전과 결혼 후의 삶이 너무나 극과 극인 삶을 살았다. 학창시절에 '대학을 나와도 취업하고 나오지 않아도 취업할 바에야 차라리 상고를 가자'라고 생각해서 나는 상고를 나왔고 졸업 후 대학 병원에 입사했다. 하지만 얽매인 생활이 창살 없는 감옥과 같이 느껴졌다. 이 또한 내 손금이 독립두뇌선으로 구속, 속박을 싫어하는 영향도 있는 듯하다. 또한, 매일 아픈 환자들을 대하며 내가 오히려 지쳐서 6년 만에 퇴사했다.

　그 당시 단전 호흡 등 관심이 많았던 나는 단전 호흡을 배웠고 20대 중반쯤 친정아버지의 권유로 동양 철학을 알게 되어서 배우게 되었다. 그 당시 친정집은 큰 부자는 아니었지만 그래도 작은 상가 건물에서 월세를 받으시며 생활하셨고, 내가 하고 싶은 일 배우며 또 여유롭게 살았다. 그러다 20대 후반에 지금의 남편을 만나 결혼을 했다.

결혼 전부터 프리랜서로 일했던 남편은 결혼 후에도 프리랜서 일을 계속하며 주식을 했다. 주식을 하더라도 적당한 선에서 하면 문제가 되지 않는다. 문제는 선물 옵션을 하면서였다. 어느 정도 돈을 쓸 것이고 여유 자금으로 주식과 선물 옵션을 해야 하는데, 나와 상의 없이 혼자 카드 대출을 받아서 하고 미수금을 쓰면서 하다 보니 손실이 생기고, 남편 월급 받으면 카드값 갚고 내 카드론을 받아 돌리고 이런 상황이 반복되었다.

선물 옵션은 더 하지 않는다고 다짐하지만, 어느새 옵션을 또 하고 악순환이 계속 반복되었다. 문제는 그사이 카드로 무리하게 대출을 받아서 결국 카드값 갚느라 친정에서 빌려준 전세 자금까지 빼서 갚게 되었다. 결혼 생활 내내 돈 때문에 마음고생을 많이 한 것도 문제였지만, 또 다른 문제는 남편의 성격이었다.

좋게 이야기하면 어떤 일에 대해 정열과 열정이 강한 성격이다. 일에 성격을 반영하면 좋지만, 가족들에게 적용하니 정열과 열정이 오히려 집착처럼 느껴졌다. 가부장적인 성향이 강해 한마디로 '조선 시대에서 온 그대'였다. 게다가 부모는 아이들에게 희생해야 한다며 나와 다른 교육 가치관을 나에게까지 강요하니 일주일에 두 번 이상은 싸웠던 것 같다.

어떤 날은 나를 한번 의심하면 본인 마음이 풀릴 때까지 2~3일이고 같은 상황을 물어보고 또 물어보고 확인하고 확인하는 날도 있었다. 안 당해본 사람은 그 느낌을 모를 것이다. 의심 당한 것도 억울한데, 같은 질문을 또 물어보고 또 물어보는 것이 마치 취조당하는 기분이고 정말 피가 마를 정도이다. 게다가 평상시 자상하고 잘 챙겨주던 사람이 서로 상황이 안 맞아 싸우게 되면 남편은 분노와 화를 담은 말로 나를 공격했다. 막말을 퍼부으며 친정 식구들까지 들먹이며 독설을 퍼부어대는데 매번 내 가슴에 큰 멍으로 남았다. 그러다 시간 지나면 아무 일 없다는 듯이 그냥 넘어가는 일이 계속 반복되었다.

그렇게 남편에 대한 내 마음은 계속 화가 쌓이고 분노가 쌓였으니 오롯이 손금에 '흉란선'으로 나온 것이었다. 엎친 데 덮친 격으로 3형제 아이 중 큰아들에게서 문제가 터졌다.

첫째 아이는 어릴 때부터 친구도 못 사귀고 말도 별로 없어 내성적인 아이였다. 또래 아이들과 행동이 다른 점도 보였지만, 정신과 병원은 진료 비용이 비싸서 갈 형편도 못되었고, 남편은 병원이나 상담받는 것에 대한 편견이 강해 큰아이를 데려갈 엄두도 못 냈었다. 하지만 중3 때 아이의 이상행동이 심해지고 아이의 불안이 더 심해져서 중학교 지원으로 병원을 가게 되었다. 결과는 '자폐스펙트럼 장애'와 '경계성 지능 장애', '불안증' 진단을 받았다. 아이가 불안증이 심해 칼로 자꾸 자해를 몸에 하는 것이 큰 문제였다. 지난번엔 아이가 자해하다가 칼로 난 상처가 깊어 피가 멈추지 않아 응급실까지 가서 꿰매고 온 적도 있었다.

누군가가 나에게 당신의 결혼 생활은 어떠십니까? 라고 묻는다면 이렇게 이야기하고 싶다.

"하느님이 '세상 어려움과 고통은 나에게 다 경험 해봐라.'라고 주신 것 같습니다."

그렇다. 나 혼자 큰 바윗돌을 짊어지고 낑낑대며 빛이 언제 나올지 모르는 출구를 찾아 동굴을 헤매는 모습이었다.

정말 힘들었을 때 내가 정신줄 마저 놓으면 정말 나락으로 떨어질 것만 같았다. 그래서 내가 그 당시 마음의 힘을 얻기 위해 닥치는 대로 자기계발서책도 많이 읽었고, 불교 경전, 성경책 등과 함께 원불교를 다니며 종교 생활을 하면서 마음을 다잡으며 생활했었다.

그 힘든 와중에 나는 꿈이 있었다. 철학 공부를 활용해 각자의 운명을 알고 행운을 잡을 수 있는 맞춤형 인생 코치와 많은 사람에게 희망을 주는 강사가 꿈이었다.

하지만 고졸이라는 학력도 걸림돌이 되었고, 아이셋을 키우는 가정주부로 내 시간을 따로 내서 배우기도 막막했다. 더군다나 남편은 내가 나가서 배우는 것도 탐탁지 않게 생각해서 배울 엄두도 못 내고 있었다. 하지만 이렇게 새장 속의 새처럼 살다가는 난 아무것도 못 한 채 나이만 먹을 것 같았고 무언가 잘못되어가고 있다는 생각이 들었다.

그러던 어느 날 신문을 보다가 '한국장학재단'을 알았다. 당장 전화했더니 나는 무료로 학위를 취득할 수 있다는 것이다. 늘 고졸이라는 아쉬움이 있었는데, 나에겐 너무나 큰 가뭄에 단비 같은 소식이었다. 그래서 내가 공부했었던 동양 철학과 연관된 분야로 공부하고 학위도 취득할 수 있는 원광디지털대의 '얼굴경영학과'에 입학하여 사이버대로 공부 하였다.

온라인을 통해 학위도 취득하면서, 동시에 손금 공부에 관심이 생겨 독학으로 헤매다가 지금의 대선 스승님을 알게 되어 배우며 실력을 계속 쌓았다. 그사이 뇌와 손금의 연관이 깊다는 것을 알고 국가공인 뇌 관련 자격증도 취득하였다. 그리고 올해는 작가로 글을 쓰게 되었고, 뇌 교육 대학원에도 입학하게 되었다.

누가 보면 이제 상황이 나아져서 하는 것 아니야? 하고 질문할지 모른다. 지금 나의 외부 상황은 달라진 것이 없다. 다만 내가 변하고 있었다. 형편이 나아져서 하는 게 아니라 내가 꼭 하고 싶은 꿈을 위해 용기 내 앞으로 전진할 뿐이다.

안되는 상황만 보면 안 되는 상황과 핑곗거리만 보인다. 그러면 그 상황에 나도 모르게 굴복하게 된다. 내가 하고 싶은 일이 있는데 '~때문에, 내가 이 형편에?' 하면서 미루고 있지는 않은가? 장담하건대 그건 외부 핑계가 아니라 당신의 용기가 부족한 것이다. 나 같은 사람도 마음 한번 내어보니 이렇게 용기 내서 상황을 극복하며 도전할 수 있었다.

극복이란 나를 성장시켜준 최대의 하나님이 주신 선물이다. 인생에 극복이 있어 내 인생의 깊은 참맛을 알 수 있었다. 사람이 안 되는 상황만 바라보면 그렇게 된다. 하지만 살짝 눈을 돌려 원하는 상황을 바라보면 되게 되어 있다.

헬렌 켈러의 명언이다.

"세상이 비록 고통으로 가득하더라도, 그것을 극복하는 힘도 가득합니다."

손금으로 행운과 운명 개척의
두 마리 토끼를 잡아라

요즘은 성형 수술이 워낙 잘 발달해서 쌍꺼풀 수술은 기본이고 반나절
만에 얼굴에 성형 수술을 하고 나올 정도로 성형 수술은 흔한 일들이 되
었다. 워낙 기술이 좋아 성형 수술을 한 듯 안 한 듯 자연스럽게 해서 솔
직히 얼굴 관상을 볼 때도 수술을 했는지 물어봐야 할 정도다. 그런데 놀
라운 점은 손금 성형을 해주는 전문 성형외과도 있고 요즘 취업 준비생
들이나 인생을 조금 더 나아진 방향으로 바꾸기 위해 많은 사람이 손금
성형을 받는다고 한다.

행운을 잡기 위해서, 지금보다 행복해지기 위해서, 운을 잡기 위해서,

사업에 여러 번 실패해서 재물이나 사업 관련 손금을 성형하는 사람들도 있고 생명선이 하단이 짧다고 길게 해달라고 손금 성형을 하는 예도 있다고 한다.

그럼 과연 손금 성형을 한다고 달라질까? 예전에 얼굴 경영학을 배우며 교수님이 하신 말씀이 생각나서 적어본다.

"여러분…. 한때 얼굴 턱 라인 중 V자 얼굴이 유행한 적 있었죠? 하긴 뭐 요즘도 순정 만화에서 나오는 주인공 캐릭터처럼 얼굴 라인이 V라인처럼 샤프하게 생긴 얼굴이 사람들에게 인기가 있는데…. V자 얼굴 되려고 턱을 롤러로 막 마사지하고, 안되니까 연예인이고 이뻐지고 싶은 사람 들은 성형외과 가서 양악수술이라고 턱을 깎아서 V라인을 만든 경우가 있는데요. 그 사람들 왜 턱이 처음에 네모 턱이겠어요? 본인 성깔이 턱에 나오는 거라. 사각 턱인 사람들은 은연중 목표가 확실하고 집념이 강해. 어떤 일을 시작하면 잘하려고 자기 자신을 채찍질하고 다짐하고 굳은 결심이 생기니 무의식적으로 턱에 힘이 들어가는 사람들인 거야…. 이런 사람이 턱 깎는다고 성깔도 바뀔까? 마음이 바뀌겠냐고? 본질적인 마음을 바꾸고 행동으로 옮겨야 비로소 V라인 턱이 되는 거예요. 장담컨대 대다수 사람은 말이지 본인 꼴대로 산다. 꼴값한다는 말이 여기서 나온 거예요…. 이런 사람 몇 년 후 봐보세요…. 얼굴이 골상이 원래대로 간다. V라인 수술해도 분명 자기 원래 꼴대로 변해 있을 거예요."

교수님의 팩트 있게 해주신 말씀에 정답이 있는 듯하다.

손금을 인위적으로 바꿔서 행운을 잡으려고, 운을 개척해보려고 손금 성형을 하는 것은 단지 자기 위안과 위로가 아닐까 생각해본다. 어쩌면 성형 수술을 했으니 이제 좋아질 거라는 자기암시가 생겨서 손금 성형의 효과를 보는 게 아닌지 생각이 든다. 행운을 위해 더 나은 미래를 위해 바꾸고 싶은가? 성장할 수 있는 나의 심상과 나의 무의식의 변화 그리고 그에 맞는 행동을 실천해야 더욱 나은 미래를 맞이할 수 있다.

행운과 운명 개척을 위해 성형 수술도 마다하지 않고 적극적으로 하는 사람들도 있는 반면에, 오히려 과거의 상처와 아픈 기억으로 발목 잡혀 현재를 잘 못사는 사람들도 많다. 그들은 현재에 산다고 착각할 뿐이지 과거 기억에 매일 머물러 사는 사람들이다.

이들은 운이 와도 못 누릴 뿐만 아니라, 오히려 자기 운을 자기가 깎으며 사는 사람들이다.

그럼, 같은 사람이라도 누구는 힘든 과거 경험이 있어도 훌훌 털어버리고 운명을 잘 개척하면서 사는 사람들이 있는 반면에 어떤 사람들은 어릴 때 상처받은 기억과 본인이 살아온 환경 때문에 어른이 된 지금까지 끌고 와서 힘들게 살아가는 사람의 차이가 뭘까?

예전에 제과 제빵을 배우면서 손금을 봐주었던 분이 있었다. 나이가 어린 여자분이었는데 고등학교 졸업하고 중소기업 회사로 바로 취업했다가 업무도 안 맞고 힘들어 2년 근무하고 그만두었다고 한다. 그래서 평상시 관심 있는 제과 제빵 배워서 취업하려고 배우러 왔다고 했다. 그분 궁금한 게 취업운은 어떨지, 재물운은 어떤지 봐달라고 했다.

그분의 손금을 보니 감정선도 꽈배기처럼 꼬였고 젊은 나이인데 감정선도 몇 가닥 아래쪽으로 늘어진 선들이 제2화성구로 가려고 준비 중이었다. 성공구 역시 지저분하게 얼키설키 선들이 나 있는 것이 이 여자분에겐 지금 제일 급선무가 마음 다스림이 우선시 해 보였다. 난 조심스럽게 그 여자분께 물어보았다.

"A 씨…. 혹시 지금 마음이 아주 힘들어 보이는데요 어떤가요? 괜찮나요?"

"어머…. 내 마음 힘든 게 손금에서도 나와요? 신기하네요. 언니…. 지금 주변에 학원생들도 있고 해서 자세한 이야기는 내일 조금 일찍 언니가 학원에 오면 이야기 해주면 안 될까요?"

다음날 그분이 이렇게 말하셨다.

"제가 실은 아빠 때문에 어릴 때부터 너무 힘들었어요. 술 드시면 완전히 변해서 엄마랑 동생이랑 본인한테 폭력 쓰고 욕하고, 사업한다고 집안 말아먹고 너무 힘들어 가출도 했었던 적도 있었어요. 엄마도 결국 이혼하시고 지금은 동생이랑 엄마랑 사는데요…. 제가 번 돈은 생활비의 반으로 쓰고 돈 버는 재미도 없어요. 세상이 우울해요…. 부모 잘못 만나 고생하는 것 같고…. 얼마 전 사귄 남자친구랑도 헤어졌는데요 엄마가 남자친구 벌써 사귄다고 뭐라 잔소리도 심하고 솔직히 남자 사귀기도 무서워요. 아빠 같은 사람 만날까 두렵기도 하고요…. 그렇다고 혼자 있자니 외롭기도 하고요…. 세상이 재미가 없네요….”

20대 초반 아가씨 입에서 나온 말이 세상 다 산 사람이 하는 말처럼 나오니 너무 안타까웠다. 어릴 때 받은 상처 때문에 그분은 20대 예쁜 나이에 운명의 발목에 잡힌 채 힘들게 살고 있었다.

감정적, 신체적, 혹은 아동학대를 당한 아이들은 이런 경험이 없는 아동들에 비해 중독, 자해, 우울증, 불안 등 정신 건강의 문제가 많다. 물론 학대 당한 아이들이 문제가 다 생기는 것은 아니다. 학대를 당한 아이 중 10에서 25%는 성인이 된 후 정상적이고 건강한 삶을 살아간다고 한다.

그렇다면 A 씨처럼 아동기에 당한 학대로 인해 성인이 된 후에도 우울하고 사람 사귀기도 불안한 상태로 살아가는 반면에, 누구는 어린 시절의 아픔을 훌훌 털어버리고 오히려 상처받은 많은 사람에게 선한 영향력을 끼치며 더욱더 빛있고 멋있게 사는 사람들도 있다.

미국의 오프라 윈프리가 대표적이다. 그녀는 사생아로 태어나 할머니 밑에서 자라다가 어린 나이에 할머니가 돌아가시자 어머니에게 가서 어린 시절을 보내지만 끔찍한 생활로 보낸다. 9살 때 친척들로부터 성폭행을 당하고 엄마와 함께 산 5년 동안 그들의 친구까지 강간을 당한다. 그리고 15살 때 임신을 하지만 숨기다 7개월에 조산아를 출산하고 2주 만에 아이를 죽음으로 떠나보내야 했다. 자기 자신을 자책하며 탓하고 방황하며 괴롭고 힘든 마음을 10대 시절에 마약까지 손대며 가난과 아픔 속에서 보냈다고 한다. 그런 그녀가 현재는 자산이 4조 원 이상의 세계 500대 부자에 들 정도로 큰 부자이며, 사람들에게 희망을 주는 아이콘으로 세계 사람들이 다 알 수 있는 유명한 방송인 중의 한 명이다.

어린 시절의 기억조차 하기 싫은 큰 상처를 딛고 운명의 주인공이 되어서 운명을 개척한 비결은 과연 무엇일까? 우리 뇌에 비밀이 있다. 최근 뇌 과학에서 밝혀진 바로는 회복력을 찾는 사람들의 뇌에는 뇌유래신경성장인자(BDNF)단백질이 많이 분비된다는 것이다.

뇌유래신경성장인자는 뉴런의 생존을 뒷받침해주며 새로운 뉴런의 성장을 촉진한다. 두뇌의 수많은 신경 세포가 새로운 방식으로 연결되는 것을 돕는다. 그리고 스트레스 받아 열 받아 있을 때 코르티솔 흐르몬 양이 지나치다 싶으면 세로토닌과 노르아드레날린의 분비를 촉진해 인체의 리듬을 지켜주는 역할도 한다.

　이렇게 큰 역할을 하는 BDNF가 뇌에 많은 사람이 삶을 유연하게 바라보고 삶의 회복력을 높이는 데 크게 이바지한다. 그럼 우리가 살아가면서 BDNF가 뇌에 많이 나오게 하려면 어떻게 해야 할까?

　우리 몸을 자주 움직여주는 방법이다. 약간의 강도 있는 운동이면 더 좋다. 박수 놀이, 간단한 게임, 안마해주기, 그리고 유산소 운동 스트레칭 운동을 하면 신경 세포 성장인자가 뇌에서 나온다. 운동이 달리 몸만 움직이는 게 아니다. 우리 뇌까지 변화시킨다. 삶을 바라보는 방향이 넓은 폭으로 이해하며 바라보니 운명이 달라지고 운명을 개척할 수 있다.

　운명을 개척하고 싶다면 우리 뇌와 가장 많이 연결된 손을 이용해 손바닥 운동과 크고 씩씩하게 박수 치기, 손 마사지를 자주 사용해보자. 손마사지를 하면 몸의 피로가 금방 풀리는 효과도 있고 더 나아가 주변 사람과 친해지는 효과도 있다. 박수 등 손 운동을 하면서 혈액순환도 좋게 한다면 손금에도 영향을 미치고 더 나아가 뇌를 긍정적으로 변화할 수 있는 일거양득이다.

03

손금의 지혜로
당신의 운명을 개척하라

내가 사는 곳은 전라북도 전주이다. 여러분은 '전주' 하면 무엇이 연상되는가?

1순위가 한옥 마을이라고 많이 말할 것이다. 하지만 한옥 마을만큼 유명한 게 또 하나 있다. 바로 '얼굴 없는 천사'이다. 지금까지 20년 넘게 매해 12월의 끝자락마다 전주시 노송동 주민센터에 익명으로 전화를 걸어 "성금을 주민센터 인근에 놓았으니 가져가라."라고 하시고 사라지신 분을 말한다. 그가 지금까지 기부한 금액만 해도 8억이 넘었다고 한다. 그렇게 얼굴도 모르게 기부를 해마다 하신 분이셔서 우린 그분을 '얼굴 없는 천사'라고 부른다.

예수님은 '오른손이 하는 일을 왼손이 모르게 하여라.'라고 하셨다. 자선을 숨기면서 선행을 베푸는 것을 말한다. 달라이라마는 '오른손이 한 일을 오른손이 모르게 하라.'고 하셨다. 이 말은 내가 선행과 자선을 했다는 것조차 마음에 상을 남기지 말라는 뜻이다.

손금을 보면 '천기선'이라고 있다. 이 선은 중지와 약지 손가락 사이에 내려온 선을 말한다. 손바닥을 향해서 위에서 아래로 내려온 선을 말하는데, 마치 하늘에서 비가 내린 것과 같이 짧은 선으로 내려온 선을 뜻한다. 많은 사람 손을 보면 천기선이 있는 사람들이 의외로 많다. 이는 인간답게 살라고 하늘이 주신 표시라 생각이 든다. 하지만 그중에 천기선이 확실하고 선명하게 자리 잡아 내려온 사람들의 소명은 다르다.

천기선의 뜻은 말 그대로 하늘에서 내려준 선이다. 하늘에서 내려준 선이란 무엇일까? 맹자가 말씀하시기를 "하늘에 순응하는 자는 살고, 하늘을 거역하는 자는 망한다."라는 말이 있다. 어떤 의미로는 죄를 짓지 말고 하늘과 세상의 순리를 잘 받들어 인간으로서 도리를 잘 지키며 살아가라는 말씀 같다. 하지만 큰 의미로는 눈에 보이는 재물과 명예만 뜻을 두지 말고, 동시에 하늘의 뜻, 즉 보이지 않는 이치와 도리를 깨닫고, 마음공부와 처세를 지키며 살라는 뜻이다. 천기선이 없어도 사람이라면 누구나 살아가면서 지켜야 할 기본 도리와 처세가 있지만 천기선이 확실하게 나와 있는 사람들은 세상을 살면서 하늘과 같은 마음을 품고 살아야 한다는 의미가 강한 선이다.

우리나라 3대 경전 중 하나인 〈천부경〉이 있다. 천부경은 81자에 우주의 이치와 깨달음을 담아낸 우리나라 경전을 말한다. 천부경에 '천기선'을 정말 잘 설명한 부분이 있다.

'본심본 태양 앙명 인중 천지일'
本心本 太陽 昂明 人中 天地一

사람의 근본 마음이 본래 큰 빛과 같나니, 사랑과 감사로 마음을 밝게 하면 태양처럼 일체가 된다. 마음의 근본과 우주 만물의 근본이 하나로 통하여 태양과 같이 밝은 빛이 나며 밝은 사람에게는 하늘과 땅과 사람이 하나가 되어 있다.

손금에 천기선이 있는 사람은 『천부경』에 나온 뜻처럼, 세상을 눈에 보이는 것에만 뜻을 두지 말고, 더 나아가 만물을 비추는 태양처럼 하늘과 땅과 사람들에게 나의 무한한 사랑을 나누며 살아가야 한다는 소명이 손에 나와 있는 것이다. 그리고 물질 세계, 즉 명예, 재산에 나의 힘과 에너지를 쓰는 것보다 마음공부와 보이지 않는 영성, 의식에 대해 비중을 두면서 사는 게 좋다. 어쩌면 천기선이 있는 분들은 인생 살면서 손해 보는 일을 많이 당하고 살수도 있다. 손금의 천기선이 있고 이 뜻을 아는 분은 본인이 손해 보더라도 세상이 억울하지가 않을 것이다. 왜냐하면, 태양 같은 사랑을 세상에 전해주러 온 소명이 있다는 것을 알고 있으니까 말이다. 하지만 천기선을 모르고 손해 볼일을 당하는 사람은 세상살이가 억울하다. 왜 나만 손해 보고 이렇게 사냐며 '더러운 세상'이라고 세상을 원망하기까지 한다. 천기선이 있는 분들은 사람들과 세상을 대할 때 정신을 탁하게 하는 중독성 있는 담배, 술, 카페인 등을 금하며 일명 종교인들이 계명을 지키듯이 살아야 인생이 평탄하다.

이와사키 이치로의 『행복을 끌어당기는 뇌 과학』을 보면 세계에서 가장 행복한 뇌를 가진 사람은 과연 어떤 뇌를 가진 사람들일까 실험을 한 부분이 나온다. 결론적으로 이야기하면 뇌를 전체적으로 균형 있게 쓰는 사람이다.

미국 위스콘신대학교 데이비드슨 박사가 이끄는 뇌 과학 연구 그룹이 실험 결과 이들은 뇌에도 자동차의 액셀과 브레이크에 해당하는 부위가 존재한다는 사실을 발견했다. 비유하자면 이마 안쪽에 있는 전전두엽의 왼쪽이 '액셀', 오른쪽이 '브레이크'에 해당한다. 무언가에 집중하거나 깊게 생각할 때는 액셀에 해당하는 부위가 작동하고 반대로 같은 활동이 멈추면 브레이크에 해당하는 오른쪽 부위가 활성화된다. 왼쪽 전전두엽이 활성화되면 긍정적으로 생각하며 행복감을 느끼게 되고, 브레이크가 강하게 작동되면 기분이 가라앉고 만사를 부정적으로 바라보게 되며, 심하면 우울감에 빠지기도 한다.

연구팀은 천명 이상의 뇌파를 측정해 뇌의 액셀 활성도를 조사했다. 연구 결과 천명 중 뇌 액셀 활성도가 가장 높게 나온 사람은 리카르라는 티벳의 불교 승려였다. 승려 리카르는 뇌 과학적으로 세계에서 가장 행복한 사람으로 여겨지고 있다.

리카르는 평소에도 보통 사람보다 액셀 활성도가 10~100배 높게 나타났는데, 그의 왼쪽 전전두엽이 활성도가 더욱 높아지는 때가 있었으니, 그의 비밀은 바로 자애(이타심)의 마음으로 세계 평화와 인류의 행복을 기원하는 명상을 할 때였다. 이때는 뇌의 액셀 활성도가 평소의 5배 이상, 보통 사람의 50~500배에 달했다. 리카르의 결과가 알려지자 경지에 오른 티벳 승려들도 연구에 참여했고 그들의 뇌 활동 패턴도 리타르와 비슷하게 나타났다.

이 연구에서 주목할 점은 뇌의 액셀 활성도가 가장 높게 나타나는 순간은 '이타심을 충만한 상태에서 세계 평화와 인류의 행복을 기원하는 마음을 가지고 집중할 때'이다.

즉, 우리의 뇌는 자지 자신을 위한 삶보다 다른 사람의 행복을 바랄 때 최고의 행복 상태를 유지하는 뇌가 활성화되고 막강의 행복함을 가질 수 있는 것이다.

"나는 스님도 아니고 그렇다고 명상할 시간도 없고 나 살기도 바쁜데 무슨 세계 평화까지 생각할 수 있겠어요?"

이렇게 말씀하시는 분들도 있겠지만, 우리도 평상시 뇌의 왼쪽 전전두엽의 액셀 부분을 쉽게 활성화 할 방법이 있다.

─ 분리수거가 귀찮아도 내가 사는 지구를 위한다는 큰마음으로 실천한다면 이 또한 나를 넘어 지구까지 생각하는 큰마음이다.

─ 내가 하는 일이 그저 지금 당장 먹고살려고 하는 일로만 생각하지 말자.

이 일로 나와 내 주변 사람들에게 어떤 이익이 가고 나도 좋고 그들도 좋게 하려면 지금 현재 내가 처한 직장에서 또는 내가 하는 분야에서 무엇이 있을까 생각하는 마음을 가져보고 행동해보자.

─ 내가 하는 행동과 말로 상대방에게 힘을 주고 잘되게 하는 방법에는 무엇이 있을까 생각해보고 하루에 한 번씩이라도 내 주위 사람들에게 실천해보자.

─ 길을 가다가 건널목에 잠깐 내 옆에 기다리는 모르는 사람을 위해, 슈퍼에 갔을 때 내 앞에 계산하며 기다리는 사람들을 위해 마음속으로

그분들을 위해 기도해보자. 그분들에게 좋은 일 행복한 일이 눈덩이처럼 굴러들어오고, 그분들의 행복 에너지가 널리 널리 퍼진다고 상상해보자. 상상하는 나 스스로가 덩달아 기분이 좋아진다.

손금의 천기선을 가진 사람만이, 승려처럼 수행하거나 깨달으신 분만이 하늘의 뜻을 따르는 게 아니다. 사람이라면 누구든지 내 안에 태양과 같이 밝고 큰 빛이 있다. 그 빛으로 나 스스로가 원만하고 주위 사람들에게 사랑을 나눠준다는 이타심의 마음과 행동으로 대하며 살아보자. 뇌과학의 원리처럼 분명 우리의 전전두엽의 액셀 부분의 뇌도 활성화되며 강화되어 행복을 느끼는 힘이 강해질 것이다. 뇌도 근육처럼 우리가 어떻게 사용하냐에 따라 강화되거나 쇠퇴한다.

행복해지고 싶은가? 운명을 개척하고 싶은가? 나만 아는 작은 나에게서 큰 나로 성장해보자. 매일 연습 또 연습하다 보면 어느새 성장한 나의 모습이 보일 것이다. 마음먹기에 따라 우리 뇌가 변한다. 뇌가 변하면 나도 변한다. 고로 손금도 변한다. 손금이 변하면 좋은 방향으로 운명 개척이 되는 것은 당연한 이치다.

04

너 자신을
알라

'너 자신을 알라.'는 고대 그리스 철학자로 유명한 소크라테스가 한 말
이다. 사람들은 너 자신을 알라고 하면 나에 대해 아주 잘 안다고 하면서
나는 이런 성격이고, 무엇을 좋아하고, 무엇을 싫어하고, 어떤 직업을 가
지고 있고 등등 겉모습이 자기 자신인 줄 착각해서 이야기한다. 여기서
'너 자신을 알라'고 한 말은 당신이 이 세상에 태어나 어떤 가치와 의미로
인생을 살아갈지 늘 자기 자신에 대해 생각하며 살라는 것이다.

살아가기도 바쁜 세상에 언제 그런 생각을 하며 사냐고 반문할지 모르
겠지만, 당신이 당신 스스로 인생에 대한 의미와 가치를 찾아 사는 사람

과 먹고 자고 먹고 싸는 무의미하게 하루하루 사는 사람과의 차이는 천지 차이이다.

손금학을 공부하면서 내가 나도 몰랐던 나의 장단점을 더욱더 잘 알게 되었고, 나 자신이 어떤 생각과 가치관을 가져야 할지 나 자신을 돌아보는 데 많은 도움을 받았다. 그리고 내가 몰랐던 부분에 대한 나를 알아가니 힘든 일을 만나더라도 세상살이에 대한 원망보다는 감사 생활로 돌리려는 내 마음이 보였다. 손금은 운명학이라기보다는 당신 행동과 마음을 바꿔야 합니다 하고 알려주는 코치라고 생각하면 된다.

손금을 볼 때 손금을 비롯하여 손가락과 손톱 모양도 참고하면서 봐야 한다. 손가락은 각각의 특징이 있고 그래야 더욱더 나에 대해 정확히 알수 있다. 손가락의 길이의 표준이 되는 것은 본인의 손바닥이 기준이다. 손바닥의 길이에 비해 중지의 길이가 약 70~80%가 되면 표준 길이이다. 표준 길이보다 길면 생각의 길이를 나타낸다고 하여 생각이 깊고 신중하다. 하지만 생각이 많다 보니 실행력이 부족하거나 느리다. 만약 짧다면 성격이 급하고 생각이 짧으니 행동이 빠르고 결심도 빨라 어떤 일을 빨리 진행하여 빨리 끝내는 경향이 있다. 단점으로는 신중함이 없고 세밀한 것을 싫어하니 신중함이 부족하다.

전체적인 손 모양에서 손가락과 손바닥이 너무 길다는 느낌의 손이 있다. 관상학에서도 얼굴형이 너무 길거나 코가 너무 길면 본인 생각이 얼굴 길이 만큼이나 늘어지다 보니 이런 사람들은 어떤 일에 결정도 늦고 생각이 많다 보니 고민도 많다. 잡생각이 마구 든다. 손도 마찬가지이다. 손이 길다는 것은 생각이 많고, 꼬리에 꼬리를 무니 오히려 부정적 성향을 지니기 쉬운 손이다. 손이 긴 사람들은 본인의 생각을 '바라보기' 명상을 통해 순간순간 현재에 머무르려는 노력이 많이 필요한 손이다.

손을 자연스럽게 내밀라고 할 때 손가락을 자연스럽게 펴서 내미는 사람은 성격이 숨김이 없고 개방적이며 자유롭다. 은연중에 손가락을 붙여서 내놓은 사람들은 현재 심리가 위축되어 있고 힘들고 무언가 내세울게 없는 소극적으로 있다는 것을 무의식적으로 보여준다.

손가락마다 각각 다른 의미와 성향을 알아보자.

엄지 : 土(토), 에너지, 의지력, 결단력

나 자신을 나타낸다. 나 자신을 가리킬 때 자연스레 엄지를 펴고 나를 가르친다. 최고를 뜻할 때도 엄지 척을 한다. 서양에서는 엄지손가락을 인간의 개성을 나타내는 곳이라 하였고, 두뇌와 손을 연결하는 주목할 만한 신경을 입증한 곳이라고 했다. 음양오행으로 보면 엄지는 토의 기운이다. 엄지 아래에는 금성구가 있다. 금성구는 지키려는 성질이 있다.

토의 성격은 중용, 포용, 흙처럼 완고함. 변화를 싫어하고 묵묵함. 때론 고집을 나타낸다.

엄지의 성격은 에너지, 의지력, 결단력을 나타낸다. 엄지손가락이 뒤로 잘 젖혀지는 사람이 있고 젖혀지지 않은 손이 있는데, 잘 젖혀진 손은 성격이 유연한 데 비해 일명 굳은 결심을 하더라도 마음이 약하다. 손가락 중 다른 손가락에 비해 엄지손가락이 유달리 굵고 큰 사람이 있다. 이런 사람은 자기 위주로 생각하고 자기가 옳다고 사는 사람들이 많다. 내고집이 세다.

검지 : 火(화), 지배 욕구, 성공, 독립심

타인들과의 관계를 나타낸다. 집게손가락 아랫부분에는 목성구가 있다. 목성구의 특징이 무엇인가? 지배 욕구, 자기실현 욕구, 독립심, 성공을 나타낸다. 검지의 뿌리는 목성구이다. 뿌리의 성격을 받아 집게손가락은 자아, 자신감, 희망, 열정, 노력을 나타낸다. 그래서 목성구가 좋고 검지의 손가락의 모양이 좋으면 서로 연결되어 잘 쓰지만, 목성구가 좋지만 검지가 휘거나 힘이 없으면 검지의 힘을 잘 발휘를 못 한다.

음양오행설로 보면 火의 에너지를 닮았다. 화의 특징은 불의 기운을 생각하면 된다. 솟아오름, 열정, 정열, 자신감을 뜻한다. 남에게 삿대질하거나 지시를 할 때 주로 쓰는 손가락이 검지이다. 아무래도 집게손가락에 담긴 에너지가 강해질 때 나오는 행동이 자연스레 나오는 듯하다.

중지 : 木(목), 책임감, 진지함, 신중함, 사색

나 자신을 말한다. 그 사람의 성향이나 성격을 잘 판단할 수 있는 중심

체이다.

중지의 성격은 책임감, 진지함, 신중함, 사색, 고독을 뜻한다.

운명선이 중지를 향해 올라가는 것을 보면 본인 인생에 대한 책임감과 내가 먹고 살아갈 수 있는 일복에 대한 성격이 강하다.

음양오행설로 보면 木(목)의 에너지를 닮았다. 목의 특징은 나무와 풀의 성질을 이해하면 된다. 굵고 곧게 뻗어 나오는 힘, 의지, 의욕, 성장의 성질이 있다. 중지가 다른 손에 비해 굵고 힘이 있다면 이런 성향이 더 강하게 나온다.

약지 : 수(水), 명성, 출세, 직위, 명성

그 사람의 명성, 행운, 출세, 예술적 재능 표현력을 말한다. 그리고 천기선과 연관되고 부자 명성의 성질도 있으며 하늘의 기운도 같이 존재한다. 다섯 손가락 중 유달리 약지가 가늘다면 최고, 명예를 따라가지 말고 차라리 2등에 머무르며 실속을 차리는 게 인생을 살아가는 지혜이다.

음양오행으로 보면 약지는 水(수)의 에너지를 닮았다. 水(수)의 성정은 물의 에너지를 이해하면 된다. 물의 성정은 만물의 소생, 수렴, 응축, 침착, 저장이다. 명성, 출세는 갑자기 얻어지는 게 아니다. 물의 에너지처럼 수렴하고 저장하는 기간 동안 안에서 내면을 강화하고 충실히 하며 인내를 통해 내실을 강화해야 얻을 수 있다. 재물 또한 돈 일부를 저장할 땐 저장하며 모아서 투자처가 생기거나 좋은 뜻에 돈을 쓸 때는 물처럼 흘려보내야 돈의 에너지도 순환하여 더 많은 돈이 들어온다.

소지 : 金(금), 기회, 시작, 공감, 타인과의 의사소통

소지에는 사람과의 공감 능력, 지혜, 기회, 시작 찬스의 에너지가 흐른
다.

소지가 짧은 사람은 기회와 시작 찬스를 잡을 기회가 와도 많이 놓친
다. 하지만 소지가 짧은 사람들은 평생 그렇게 기회와 인연의 찬스를 놓
치며 산다면 너무 불공평할 것이다. 이들은 오히려 본인이 긍정이나 희
망의 에너지가 약하기 때문에 기회와 운을 못 잡을 가능성이 크다. 약점
을 알았다면 변화하면 된다. 지금부터라도 나의 시각을 부정적으로 보려
하면 알아차리고 반대의 생각 즉 긍정의 시각에 눈을 돌리는 연습을 평
상시에 많이 해야겠다….

여성들 같은 경우 소지가 짧은 경우 생식 기능과 연관되기도 한다. 소
지가 짧은 경우 자궁의 기능과 연관되니 평상시 아랫배를 따뜻하게 해주
고 짧은 미니스커트나 하체를 차갑게 하는 행동은 삼가야겠다. 그리고
소지가 짧은 사람들이면 다른 사람과 공감 능력과 의사소통 능력이 부족
할 수 있으니 평상시 연습하며 키우도록 노력해야겠다. 무의식적으로 손
을 펴라고 할 때 소지가 단독으로 떨어져 내는 경향의 손이 있는데, 이런
사람들은 다수의 의견을 존중하며 잘 따르는 성향이 있다.

음양오행으로 소지는 金(금)의 기운을 닮았다. 金(금)의 선정은 맺고 끊

음이 확실, 결단력, 과감, 신속, 추진력을 뜻한다. 소지의 성정이 금의 기운을 가진 이유는 소지에는 기회를 잘잡고 시작을 잘하려면 냉철한 판단과 과감 신속함이 중요하다. 행운을 잡는 이들의 공통적인 특성이 정확한 판단력과 확실성 그리고 발 빠르게 행동하는 것이다.

손무의 손자병법을 보면 '지피지기면 백전불태'라는 글이 나온다.

'적을 알고 나를 알면 백번 싸워도 위태로움이 없을 것이다.'라는 뜻이다. 상대를 알아가는 것도 중요하지만 정작, 요즘 사람들은 본인 자신이 누구인지 내가 어떤 사람인지도 모르고 사는 사람들이 너무나 많다. 나의 손을 보고 장점이 무엇인지 단점이 무엇인지 알아보자. 장점인 손가락의 에너지는 잘 발휘해보고, 단점이 있는 손가락이 보인다면 부족한 에너지를 처세와 행동으로 수정 보완하며 살면 되는 것이다. 이것이야말로 진정 '너 자신을 알라.'에 해당하며 사는 인생이 아닐까 싶다. 나아가 진정 나 자신을 잘 아는 사람만이 상대를 알 수 있는 안목이 생기며 삶을 내가 원하는 방향으로 이끌어 가는 사람이 될 수 있다.

05

아는 것이 힘이다?
하는 것이 힘이다

요즘 초등 아이부터 어른 상관없이 누구나 매일 활동할 때 나와 늘 동행하는 것이 있다. 심지어 잘 때도 애인처럼 옆에 두고 자야 한다. 바로 핸드폰이다. 누구나 쉽게 핸드폰만 켜면 쉽게 정보를 알 수 있고 쉽게 배울 수가 있다.

영어 공부하기 싫어하는 내 아이에게 영어 공부하게끔 말을 돌려 "해외여행 다니며 맛있는 음식 먹고 다니는 게 꿈이라며? 영어 공부해야 나중에 해외여행 가더라도 외국인과 대화가 되니까 훨씬 편할 수 있고, 선택의 폭이 넓어져."라고 했더니

"엄마! 핸드폰 번역기 돌리며 해외여행 다니면 돼요."

"……."

내 아이도 핸드폰에 의지하는 모습이 보이는데, 나 역시 핸드폰에 의지해 아이들 핸드폰 번호도 외우질 않아서 헷갈리는 나 자신이 점점 바보가 되어가는 느낌이다.

어쩌면 현대인들은 핸드폰 정보가 마치 내가 다 아는 정보처럼 착각으로 사는 듯하다. 그리고 수많은 정보와 넘쳐나는 지식으로 인해 다들 만물 박사님들 같다. 문제는 깊은 지식이 없다는 것이다. 아는 게 힘이라고 하는데, 현대인들은 나 자신이 무엇을 정확하게 알고 무엇을 모르는지 어떤 선택과 행동을 해야 나에게 바르게 돌아올지 바라볼 힘이 많이 부족한 듯싶다.

이 힘이 바로 메타 인지이다. 메타 인지의 뜻을 안다고 내가 다 아는 게 아니다.

행동을 통해 스스로 부족한 점을 찾아 수정 보완해야 한다. 나에게 직접 적용해야 한다. 그래야 오롯이 내 것이 되고 이로 인해 그 사람이 성장할 수 있는 길이 열린다.

〈중앙일보〉 2021년 12월 31일, "임종 직전에 알았다. 호주 환자들이 땅치고 후회한 5가지"라는 기사가 실렸다.

호주의 한 간호사가 임종 시설 센터에 입원해 있는 임종 환자의 얘기를 들어보고 그들이 공통으로 인생 살면서 후회하며 말한 것을 5가지로 정리한 것이다.

하나, 다른 사람이 원하는 삶을 살았다.

임종 직전에야 내가 원하는 삶을 살지 못하고 남의 시선을 의식하며 살았다는 것을 깨닫는다면 얼마나 안타깝겠는가. 그들은 남은 사람들에게 그런 삶을 살지 말라고 당부한다.

둘, 너무 열심히 일만 하고 살았다.

그러다 보니 가족들, 특히 배우자와 함께 보내야 할 시간을 갖지 못했다는 것이다.

셋, 감정을 제대로 표현하지 못했다.

다른 사람을 생각하느라 자신의 속내를 털어내지 못하고 마음고생을 했다는 후회다.

넷, 친구들과의 우정을 유지하지 못했다.

다가오는 죽음 앞에 친구의 소중함을 비로소 깨닫는데, 그때는 친구의 행방을 찾기 어려워졌다는 한탄이다.

다섯, 변화에 대한 두려움 때문에 좀 더 행복을 위해 노력하지 않았다.

지금도 많은 사람이 지난 시절을 돌아보며 그때 그걸 해야 했는데 하며 이처럼 후회한다.

임종 직전의 사람들이 후회하는 점의 공통점을 보면 100% 나 자신으로 살지 못했다는 것과 머리로만 생각하고 살았지, 행동으로 실천을 못해 후회하는 경우가 많았다. 머리로만 생각하다 보면 어떤 일을 시작할 때 덜컥 겁부터 난다. 그리고 오만 가지 생각들이 붙어 결국 그 일을 못하게 현실에 안주하는 사람으로 만든다.

생각할 시간에 차라리 행동으로 옮기라는 말이 있다. 내일부터 운동할 생각 대신 지금 당장 걷기 운동을 하면서 어떤 운동을 할지 결정하고, 내일부터 할 일을 지금 당장 조금씩 실천하면서 실행하라는 것이다.

행동으로 서슴지 않게 본인 운을 개척한 사람 예시를 들어보겠다. 임진왜란을 일으킨 일본의 장수, 일본인들에게 영웅인 사람 바로 도요토미 히데요시이다. 일본인들에게 가장 좋아하는 인물 5위안에 들을 정도로 도요토미 히데요시는 일본 사람들에게 많은 인기가 있다.

도요토미 히데요시의 손금은 막쥔손금 위에 감정선이 살짝 위로 올라가 있는 모습에 눈에 띄는 부분은 운명선이 중지를 향해 고속도로처럼 길게 나 있는 손금 모양이다.

당시 일본에서도 손금을 보는 수상가들이 있었다. 그래서 그의 손 사진이 지금까지 전해 내려온 듯하다. 도요토미 히데요시 손의 특이한 점은 고속도로처럼 중지까지 뻗어 있는 운명선이다.

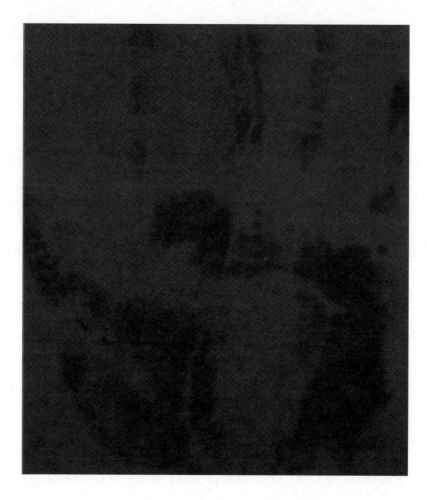

[손금의 정석 · 손금 이미지. 자료출처 : 적중수상술]

자연적으로는 이런 손금이 나올 리가 없다. 맞다. 인위적으로 만든 운명선이다. 그 당시 수상학을 보는 사람이 손금을 봐주고 부족한 운명선의 가지 연결이 필요함을 느껴 알려 주었다는 이야기와 도요토미 히데요시 본인이 손금에 관심이 있었는데 운명선이 맘에 들지 않았다는 이야기가 있는데 중요한 것은 본인이 칼로 운명선을 길게 연결하기 위해 중지까지 올라가게 찢었다는 것이다.

"나는 출세 할 것이다. 운명아 비켜라!"

그는 미천한 농사꾼의 아들로 태어났지만, 마침내 난세를 통일한 영웅이 된 것이다. 어떻게 자기 손을 칼로 찢을 수가 있을까 이해가 안 간다. 하지만 출세를 할 수 있다는 그 신념으로 성공의 손금을 만들려고 손까지 찢는 행동으로 보여준 것 같다. 무의식 깊이 있는 신념을 그가 믿었기에 아무 주저 없이 손을 찢는 행동을 보였다는 것이다. 우리나라에서는 웬수일지 모르지만, 일본에서는 성공을 위한 그의 행동이 있었기에 개천에서 용이 난 것이다. 미천한 농부에서 난세를 통일한 영웅으로 지금까지 일본인들이 가장 영향력 있는 인물로 생각하는 사람 중의 한 명으로 남는 이유도 그의 성공을 위한 행동력 때문인 듯싶다.

삶은 경험과 도전을 통해 사실적으로 부딪치는 체험 학습의 과정이다. 살아가면서 하고 싶은 일은 많았지만, 생각에 꼬리를 물고 생각 따라 흘러가다 보니 모든 것이 두렵고 힘들어 선뜻 저지르지 못한 일들도 많았을 것이다. 실패는 없다. 다만 실패라 정의한 것은 현상이 아니라 본인이 정의 내린 것이다. 오히려 실패와 극복하는 과정에서 삶의 의미를 깨달아 가는 것이다. 무한한 가능성이 열려 있는 지구별에서 아직도 두려움에 온갖 계산하는 마음에 주저주저 하지 말고 용기를 내보자.

"행동하는 사람 2%가 행동하지 않는 사람 98%를 지배한다."
— 지그 지글러

06

내 그릇 크기가
내 운명을 만든다

여러분은 사람의 품격과 됨됨이를 볼 때 그릇이라는 표현을 빗대어 쓰는 것을 들어본 적이 있을 것이다. 그릇이 큰 사람의 의미는 도량이 큰 사람. 모든 것을 받아들이는 포용력을 가진 사람을 말한다. 그릇이 작은 사람을 일컫는 말로 '밴댕이 소갈딱지' 같다고 말한다.

작은 그릇을 가진 사람들은 마음 씀씀이도 행동도 그릇 수준밖에 안된다.

평소 단련하지 않고 작은 그릇을 가진 사람들은 삶이 힘들어지면 힘든 그 순간에 사로잡혀 허우적댄다. 내 뜻대로 되지 않아 고통스럽고, 어떤 때는 아무것도 하기 싫어 다 놓고 어디론가 도망가고 싶은 생각도 들기도 하고 어찌 보면 나만 힘든 삶을 사는 거 같아 억울한 마음과 속상한 마음에 빠져 수많은 인생 시간을 허비하기도 한다. 그리고 이들에게 만약 뜻하지 않은 큰 행운이 오더라도 오래가지 않는다. 주변에 보면 복권에 당첨되어 큰돈이 들어왔지만, 몇 년 뒤 오히려 불행하게 살거나 더 힘들게 사는 사람들의 예가 여기에 해당한다.

손금을 봤을 때 다음과 같은 선들이 있는 분들은 평상시 자기 처세에 주의하며, 평상시 자기 자신을 바라보는 훈련을 자주 해야겠다.

하나. 이중감정선

감정선을 가진 분 중에 이중으로 된 감정선을 가지신 분이 계시다. 이중으로 감정선이 분리되었다는 것은 무엇인가 새로움, 변화를 뜻한다. 새로움, 변화가 무엇인가. 나의 마음 혹은 감정이 다른 사람들에 비해 변화에 민감하다는 뜻이다. 이중감정선을 가지신 분들은 감정선의 모양에 따라 해석이 다르긴 하지만 대부분 다른 감정을 표현하는 사람들이 있다. 예를 들어 평상시 착하고 온순했던 사람이 화가 나거나 감정에 사로잡히면 헐크가 된 마냥 전혀 다른 모습을 보여 주는 경우가 있다. 아무래도 주선이 이중으로 나누어져 있으므로 운이나 운세에 크게 도움을 주는 선이 아니다. 이중감정선을 가지신 분들은 평상시 마음공부, 감정 관리,

처세를 잘하도록 노력해야겠다.

둘. 감정선이 잘 가다가 끝이 확 꺾이는 모양

감정선이 이런 형태의 남자분은 로맨스와 달콤함이 없다. 상남자이다. 상남자의 특징은 무엇인가. 욱하는 성질이 있다. 본인의 고집이 세다. 공감 능력 부족이다. 터프하다. 남자다운 이런 모습이 확 끌린다면 상대의 감정선 모양을 보자. 상남자의 모습을 쉬운 예로 들자면 탤런트 김보성, 최민수 씨를 떠올리면 상남자의 대표적인 모습이다. 그렇다고 두 분의 감정선이 이런 모양은 아니지만, 최민수 씨의 부인인 강주은 씨가 '상남자와 사는 법'이라는 토크쇼에서 한 말이 있다. 결혼 후 남편과 사는 동안 그녀의 정체성을 내려놓고 모든 것을 남편에게 맞추며 살았다고 한다. 그리고 남편과 그녀가 이혼할 이유는 뷔페 메뉴처럼 많다고 할 정도라고 농담으로 하는 그녀의 말에 상남자와 사는 고충이 간접적으로 느껴진다. 이런 감정선이 있는 분 역시 공감과 소통의 연습을 많이 해야 한다. 그리고 주위에 존경할 스승님이나 이끌어 줄 종교를 가지는 것도 좋다. 교훈을 주는 책을 자주 접하는 방법도 인생에 큰 도움을 준다.

셋. 어설픈 막쥔손금

손의 수형이 좋고 다른 손금도 좋다면 막쥔손금은 운에 좋은 영향을 끼친다. 하지만 손의 수형도 안 좋은데 막쥔손금을 가지신 분들은 자기 아집이 강하고 공감 능력도 떨어지고 자아가 강하다. 리더의 성격도 강한데 존경받는 리더면 좋으련만 어설픈 손의 막쥔손금을 가지신 분은 내 말이 맞으니 나를 따라야 한다며 상대를 내가 휘두르려는 성향이 있다. 내 뜻대로 되지 않을 때 성격도 급하고 말도 가려서 안 나오니 말실수가 잦다.

이런 분들도 평상시 마음 수양이 꼭 필요하다.

넷. 엄지가 다른 손가락에 비해 큰 사람

다른 손가락에 비해 엄지가 크신 분들도 자기 고집이 세고 남의 말을 잘 안 들으려는 습관이 있다. 이런 분 역시 나 자신의 단점을 고치려 노력하며 그릇 키우는 방법을 실천해보자.

다섯. 반항선이 있는 사람

감정선 아랫부분에 짧은 선이 나 있는데 이 선을 반항선이라고 한다.

손의 수형이 좋다면 그 사람의 생각과 소신이 있다고 보는데 만약 손의 수형이 좋지 않다면 흔히들 말하는 성질이 있는 사람이다. 반항선이 보인다면 평상시 마음 관리를 잘해야 한다. 순간 성질 관리를 잘못해서 큰일을 놓치거나 운을 놓치며 후회하는 경우가 많다.

그렇다면 큰 그릇을 가진 나로 성장하는 방법에는 무엇이 있을까?

– 봄에 땅을 뚫고 피어나는 새싹처럼 그릇이 큰 사람은 새로운 일에 머뭇거리지 않고 용기와 지혜로 도전하며 행동하는 삶을 산다.

– 여름철의 쭉쭉 뻗어 성장하는 나무와 자연의 무성함처럼 그릇이 큰 사람은 나와 주변 사람, 더 나아가 지구를 위한 확장된 기도를 하며 의식을 성장한다.

– 가을에 나무는 겨울 동안 부족할 수분을 보존하기 위해 나무에 붙은 나뭇잎을 떨어트린다. 그릇이 큰 사람은 사소한 정에 이끌리지 않고 단호함과 냉철함이 필요할 땐 주저 없이 실행한다.

– 겨울 동안 만물은 응축, 저장 쉬면서 봄을 다시 준비한다. 그릇이 큰 사람은 눈앞의 현실만 보는 게 아니라 삶과 죽음 그리고 그 너머의 것을 바라보며 본질적인 나를 찾는 시간을 갖는다.

– 그릇이 큰 사람은 평상시 독서 및 자기계발서를 즐겨 읽는다.

– 그릇이 큰 사람은 지혜를 방해하는 삼독 탐, 진, 치 (탐욕스러운 욕심, 작은 일에 화를 내고 스스로 번뇌에 살아 편치 않은 마음, 어리석은 마음)가 일어나지 않도록 늘 마음을 살핀다.

– 그릇이 큰 사람은 생활 속에서 은혜를 발견하여 감사 생활을 하며 어려운 이웃을 위해 받은 은혜를 나누며 봉사한다.

작은 그릇은 조금만 담으면 흘러넘치게 된다. 사람도 마찬가지이다. 큰 그릇을 가진 사람이 되어야 그만큼 크게 담을 수 있다. 현실에서 그릇이 큰 사람이 되려면 본인의 단점을 알고 나아진 방향으로 가게끔 노력해야 한다. 이를 수행이라고 한다. 부단히 연습하며 단련해서 나 자신을 성장시켜야 한다. 그리고 현실의 시련과 어려움이 오더라도 넘어서서 극복하는 사람만이 큰 그릇을 가질 자격이 부여되는 것이다. 당신이 현재 작은 그릇인 것 같아 인생이 힘들다고 슬퍼하지 말자.

인간이 지구별에 태어난 이유는 우리의 영혼이 각자 배우고 성장하기 위한 것이다. 영혼의 성장을 위해 지구라는 별을 선택해서 내 성격, 주변 환경, 그리고 지금 만난 가족과 인연들에 대해 이미 각본을 다 만들고 태어나는 것이다. 어쩌면 지금 겪는 힘든 일들이 혹은 단점들이 내가 이 지구에서 배우려고 내가 설정해놓은 일일 수도 있다.

이를 다르게 보면 나에게 당한 큰 문제를 해결할 수 있는 큰 힘이 이미 각자에게 있다는 말이다. 지금 당신의 삶이 매우 힘든가? 힘든 상황을 통해 나에게 어떤 깨달음을 주려고 이 상황들이 생겼는지 생각해보라. 당신의 영혼은 그 일을 통해 한층 더 성장할 것이다. 이럴 때 당신의 그릇이 커지는 동시에 당신의 운명도 업그레이드가 되는 것이다. 내 그릇이 큰 만큼 운을 상대할 능력도 운을 끌어당기는 힘도 커지는 원리이다.

07

운을 끌어당기는
사람이 되어라

세상 살면서 자석이 쇠를 끌어당기듯이 운이 나에게 쫙쫙 끌어당겨진다면 얼마나 좋을까…. 기분 좋은 상상을 해본다. 상상이 현실이 되듯이 운을 끌어당기는 사람은 어떤 사람인가 알아보자.

첫째, 행운이나 악운을 만드는 것은 팔자 탓도 아니고 전생 탓도 아닌 나의 행동 방식이 운을 끌어오는 것을 아는 사람이다. 운 좋은 사람들은 낙관적이고 새로운 기회와 새로운 경험에 개방적이다. 반면 운 나쁜 사람들은 걱정이 많고 남 탓만 하고 새로운 기회에 두려움이 많아 적극적이질 못한다.

뇌 교육에서 중요시하는 하워드 가드너의 '다중 지능 이론'이 있다.

우리 뇌의 지능에는 언어 지능, 논리 수학 지능, 공간 지능, 음악 지능, 신체 운동 지능, 자기 성찰 지능, 자연 친화 지능, 영성 지능이 있다. 물론 사람마다 각각 잘하는 것과 못하는 것의 차이는 있지만, 인간의 지능은 고정된 게 아니라 다양한 경험과 노력으로 계발된다고 한다. 내가 소질이 없어 보이고 못 할 거 같지만 사람은 환경과 노력에 따라 소질이 없어 보이는 뇌의 지능이 충분히 계발될 수 있다는 이론이다.

내가 알고 있는 분 중 본인의 단점을 잘 계발하여 다른 인생을 사시는 70대 초반의 어르신이 계신다. 젊은 시절부터 음악을 좋아해서 배워볼까 하는 마음이 있었는데 그분을 발목 잡은 게 있다고 한다. 그분은 너무 심한 음치여서 노래를 못 불러 젊은 시절 회사 회식 자리에서 노래방 가는 게 가장 스트레스라고 하셨다. '박자도 못 맞추는 내가 무슨 음악이야'라는 생각으로 본인을 한정 지었다고 한다.

나이가 든 후 회사를 퇴사 후 무엇 하나 배워볼까 하다가 젊은 시절 못했던 곡 연주를 배워 〈고향의 봄〉이라도 연주해보자는 마음으로 배웠다고 한다. 하지만 뒤늦게 음악 맛을 알아 열심히 배워서 지금은 작은 공연도 하러 다닐 정도의 실력이 되었다고 하셨다.

그리고 음악을 통해 만난 사람들과 매일 만나 연습하다 보니 젊은 시절보다 오히려 사람들과 만남도 많아지고 바쁘다고 하셨다. 같은 취미로 만난 사람들과 공연까지 하고 우리 음악을 듣고 기뻐하는 관객들을 보면 보람도 크다고 하셨다.

그분 하신 말씀이 "난 내가 음치라 음악에 소질이 전혀 없는 줄 알았는데. 늘그막에 공연하러 다닐 줄 누가 알았겠어? 나도 나 자신이 놀랍더라고." 하시며 본인을 뿌듯해하셨다. 이분은 본인의 한계를 뛰어넘어 새로운 경험을 통해 말년을 행복하게 사는 운으로 삶을 만드신 분이다.

둘째, 내 인생은 나의 것. 내가 원치 않는 생각은 내가 다스린다.

부정적인 생각은 한번 떠오르면 끝이 없다. 그래서 운을 끌어당기는 사람들은 부정적인 생각이 떠오를 때 알아차리고 잘 다스린다. 이들은 오직 원하는 곳에만 집중한다.

운을 놓치고 사는 사람들은 쓸데없는 걱정과 근심거리에 푹 빠져 산다. 이들은 어떤 일이 일어나면 만약을 붙이며 마치 그 일이 부정적으로 되는 마냥 미리 앞서서 걱정하며 푸념한다. 평상시 우리가 알게 모르게 하는 원치 않는 생각들이 나의 손금에 도움을 주지 않는 선들을 만들어 낸다. 내 손에 선(비애선, 심고선, 위험 한숨선 등)이 진해지거나 생긴다면 지금의 내 행동과 생각을 당장 바꿔야 한다. 이런 선들이 생기면 좋은 선들도 얼키설키 엮이어 운에 방해가 되기 때문이다.

새로운 일을 도전할 때 원치 않는 생각이 들어 머뭇거리거나 시작도 못 하는 사람들이 많다. 이러면 다음과 같은 방법을 활용해보자. 이 방법은 내가 브레인 트레이너에서 배운 뇌 활용법을 응용한 방법인데 의외로 효과가 크다.

- 부정적인 생각이 들면 바로 알아차리고 좌우로 머리를 가볍게 도리도리 흔들어 준다. (머리를 흔드는 것만으로 스트레스로 정체된 뇌 주변의 뇌파 파장이 변한다.)
- 그리고 부정적인 생각을 인정해준다. (우리 뇌가 생존을 위해 해주는 반응이다.) "아…. 뇌야! 네가 나를 걱정해서 이렇게 부정적 생각으로 날 지켜주려 하는구나. 고맙다."
- 그다음 뇌에게 반대의 상황으로 '어쩔 건데?' 하고 물어보라. "걱정해주는 건 고마운데 만약 이 일이 잘되면 어쩔 건데?" 마지막 "어쩔 건데?" 질문은 매우 유용하다. 내가 새로운 일을 시도할 때 조바심 부정적인 생각이 들어 망설여질 때 이 질문만 해도 신기하게 부정적인 생각이 싹 없어지고 도전할 용기가 생긴다.

셋째. 뇌의 예측하는 능력으로 운을 끌어당겨라.

『이토록 뜻밖의 뇌 과학』(리사 펠드먼 배럿 지음)에서 뇌는 당신의 거의 모든 행동을 예측한다고 한다. 우리 뇌의 핵심 임무는 생각하기 위해 있는 게 아니라 몸을 제어해 잘 살아 있게 만드는 것이라고 한다. 그렇기 위해서는 언제 어디서 위험한 상황에 잘 대처할 수 있도록 해야 하는데 그게 바로 기억과 경험이라고 한다.

어릴 때부터 직접 겪은 일이나 부모님, 주위 분들, 선생님, 책이나 영상을 통해 기억된 것이 우리 뇌에 저장해 있다가 우리가 모든 사물을 대처할 때 같이 활용된다. 예를 들어 우리가 지금 눈으로 사물을 있는 그대로 그냥 본다고 생각하는데, 이는 착각이다.

보고 듣고 맛보고 하는 오감의 감각이 우리 뇌가 살아오면서 기억하고 구성한 것의 조합으로 세상의 감각을 대하니 순수하게 대하는 것이 없다는 것이다.

그래서 같은 바다를 보더라도 누구는 멋있다고 하지만, 누구는 바다의 푸른빛이 무섭다고 하는 사람도 있고 누구는 헤어진 연인과의 추억 때문에 쓸쓸하다고 한다.

당신이 책을 읽기 전에도 당신의 뇌는 미리 과거 경험과 현재 상황을 다음에 이루어질 행동을 개시하며 당신의 인식 없이 이루어진다는 것이다. 이 모든 것이 뇌가 미리 예측을 하는 상황이기에 일어나는 현상이다.

또한, 우리 뇌는 몸의 장기와 호르몬을 비롯한 신체 시스템에 대한 정보가 도착하기 전에 이미 감지를 한다고 한다. 즉 뇌가 예측한다는 것이다. 쉽게 이야기하면 물이 우리 몸에 흡수되려면 20분 정도 소요되는데 목마를 때 물을 시원하게 한잔 마시면 갈증이 금방 해소된듯한 느낌을 느끼는 이유가 그런 이유다.

그렇다면 운과 뇌의 예측 방법을 어떻게 활용해야 할까? 운을 끌어당기려면 뇌의 예측을 바꾸는 방법이 바로 정답이다. '잘될 놈은 더 잘되고 안 될 놈은 안 된다.' 이 말처럼 잘되는 사람의 기억에는 실패했어도 넘어서서 성공의 경험과 정보가 있으므로 그와 비슷한 경험을 당해도 뇌는 성공할 수 있다는 예측이 있으므로 상황을 우선 긍정적으로 본다.

그에 반해 안되는 사람들은 예전의 실패경험과 주변의 부정적 정보와 주위 매스컴에서 나오는 힘든 사람들의 정보가 있으므로 비슷한 상황에서 자연스럽게 뇌가 이미 예측을 하므로 안되는 것이다.

그럼 그동안 힘든 과거와 실패로 가득하게 살았던 사람들은 어떻게 해야 할까?

우리는 자유 의지가 있다. 새로운 방향으로 예측하는 뇌를 길러내고 훈련하면 된다. 나의 고정관념이 무엇인지 알아 고정관념이 생긴 예전 기억을 바꾸어서 뇌가 새로운 예측이 생기게끔 만들어주어야 한다. 예를 들면 내 생각과 다른 사람들의 의견을 반대의 관점에 서서 왜 그들이 주장하는지 생각의 폭을 넓혀 100%는 아니더라도 60% 정도는 이해하게끔 본인을 설득하는 방법도 있다. 그리고 내가 두려워하고 거부하고 피하는 게 무엇인지 예전의 경험과 기억을 더듬어 조금씩 다가가는 연습을 해서 할 수 있다는 경험으로 뇌의 예측을 바꾸는 데 크게 도움이 된다.

예전에 내가 알던 분은 뉴스를 보지 않는다고 한다. 뉴스의 90% 이상이 부정적, 사회 문제, 심각함을 위주로 다루어 나도 모르게 뉴스에서 나오는 정보에 좌지우지되는 느낌이 든다는 것이다. 어차피 큰 소식의 뉴스라면 주위 사람을 통해 들을 수 있다고 하니 굳이 뉴스를 볼 일이 없다는 분이셨다. 지금 생각해보면 이분은 뇌의 예측을 아시는 현명한 분이신 것 같다. 폭력적이고 자극적인 드라마나 영화를 많이 보는 사람도 은연중에 뇌에 기억이 남아서 뇌의 예측을 부정적으로 할 수 있으니 주의가 필요하다.

여러분은 운을 밀어내는 사람이 되고 싶은가 아니면 운을 끌어당기는 사람이 되고 싶은가?

"무의식은 의식화하지 않으면 삶은 정해진 대로 흘러간다. 우리는 이걸 운명이라고 부른다."

 − 카를 융

참고도서
- - - - - - - -

『손금 좀 봅시다』엄원석 지음

『행복을 끌어당기는 뇌 과학』이와사키 이치로 지음

『손과 뇌』구보타 기소우 지음

『브레인 트레이너 한 권으로 끝내기』브레인 트레이너 교재 편찬위원
회 편저

『전통손금 사전』사와이 타미조 지음